Despertando tu amor para recibir a tu bebé

Cómo prevenir la tristeza y la depresión en el embarazo y después del parto

María Asunción Lara y Teresa García Hubard

INSTITUTO NACIONAL
DE PSIQUIATRIA
RAMON DE LA FUENTE

EDITORIAL
PAX
MÉXICO

EL LIBRO MUERE CUANDO LO FOTOCOPIAN

La investigación en que se sustenta esta obra fue financiada por el Fondo Sectorial Conacyt-Salud (SALUD-2003-C01-21).

COORDINACIÓN EDITORIAL: Matilde Schoenfeld
DISEÑO DE PORTADA E INTERIORES: Mila Ojeda
ILUSTRACIONES DE INTERIORES Y DE PORTADA: Adriana Moreno

Índice

Carta de Ana*

Hola, mi nombre es Ana, tengo 33 años y tuve a Armando hace seis meses, un niño precioso, pero no todo fue tan feliz como ahora. Encontré sus correos en Internet, buscando y buscando. Les contaré un poco lo que sucedió.

Este bebé fue muy deseado. Llegó cuando mi esposo y yo lo planeamos. Queríamos niño y hasta eso se nos concedió. Tuve un embarazo sin complicaciones, apapachada por mi esposo, familia y doctora. La semana 39 fui a un ultrasonido y me dijeron que ya casi no había líquido amniótico, así que me practicaron una cesárea; también sin complicaciones, con las molestias normales de la intervención.

Armando nació un miércoles. Estuve en casa de mi mamá y el sábado siguiente por la tarde me sentí muy ansiosa y con mucha taquicardia y, además, sin poder conciliar el sueño, aunque el bebé durmiera. Estos síntomas los conocía, ya que tuve una depresión hace diez años. Entonces comencé a preocuparme. Me regresé a mi casa el domingo en la noche, pensando que ahí, con mis cosas y mi esposo, me sentiría mucho mejor, pero no fue así. Mi suegra vino a ayudarme el lunes y así empezó todo.

Le hablé a mi ginecóloga para contarle mis síntomas. Todos pensamos que serían pasajeros, pero no mejoré, así que me mandó un medicamento y el retiro del pecho a mi bebé. Esa noche me sentí aún peor, al grado de pensar en lastimar a mi bebé y a mí misma. Me imaginaba, primero, tirándolo a él del barandal; y luego yo. Me sentía totalmente incapaz de cuidarlo, lo veía ajeno a mí, así que le hablé al psiquiatra que me atendió años atrás y me diagnosticó depresión posparto.

Tuve el apoyo de mi esposo y familia, por lo que salí adelante. Sigo con medicamentos, pero ahora amo a mi hijo y lo disfruto cada día. Fue un trance muy difícil: tenía pensamientos obsesivos, no tenía ganas de nada, estaba ansiosa, angustiada, sin expectativas, ni ilusiones.

Les mando este correo porque me encantaría que sirviera de testimonio para mujeres que la sufren. Por lo que viví, esto todavía es un mito y a mucha gente no le hablan sobre la posibilidad de deprimirse en el embarazo o el posparto, y quienes la sufren, se sienten con pena de decirlo.

Espero su respuesta.

Muchas gracias.
Ana

*Recibimos este relato por correo electrónico

Introducción

El embarazo es un periodo intenso en la vida de la mayoría de las mujeres. Etapa llena de cambios, es también el momento de preparación para una de las grandes transformaciones de la vida: el nacimiento, no sólo de un bebé, sino también de la mujer como madre.[1]

No sólo nace un bebé, también una mamá.

ACTA DE NACIMIENTO

Este libro ha sido diseñado para **mujeres** como tú que están **embarazadas** y presentan síntomas de depresión o algún otro problema que las hace vulnerables a estos síntomas después del nacimiento de su bebé.

Para qué te servirá este libro

1. Te dará **información y herramientas** para ayudarte a manejar tanto los síntomas de depresión como los problemas que puedas experimentar en el embarazo.

2. Te orientará respecto de los temores que comúnmente enfrentan las mujeres acerca de su embarazo, el parto y las responsabilidades como futura mamá, ante preguntas tales como ¿Nacerá bien mi bebé? ¿Seré una buena madre? ¿Quién me apoyará? ¿Sabré cuidarlo? ¿Cómo será mi parto?

3. Te ayudará a **prevenir la depresión posparto** enfrentando y solucionando problemas que ya estén presentes durante el embarazo para evitar que continúen o contribuyan a que aparezca la depresión después del parto.

4. Te dará recomendaciones para enfrentar mejor las demandas que te esperan como nueva mamá.

Tanto el embarazo como el nacimiento de un bebé son periodos de la vida llenos de **cambios** no siempre sencillos,

que, si bien tienen un lado maravilloso, también involucran nuevas demandas y responsabilidades que pueden ir acompañadas de angustia, tristeza y depresión. Estos sentimientos no resultan raros ni son señal de locura; a veces pueden ser leves, moderados y transitorios o muy severos y limitantes, y permanecer por largo tiempo.

Cambio de rutina... de horarios...

Cambio de alimentación...

Cambios físicos y hormonales...

Cambio de pañales...

¿Podré?

Cuando una **madre se deprime** después de dar a luz, sufre y puede sentirse sin energía e incapaz de hacerse cargo del bebé. Por otro lado, **el bebé también se ve afectado**. Ser mamá es difícil, pero si, además, la mujer padece depresión, esta situación puede convertirse en un obstáculo imposible de enfrentar.

Tienes información, herramientas, consejos y me das tantas respuestas. Tú eres mi apoyo.

Despertando

Cómo puede ayudarte este libro

Dándote apoyo en este nuevo reto de tu vida, y aportándote información y herramientas que te permitan enfrentar la maternidad con más seguridad y placer.

Cómo utilizarlo

Puedes trabajar con él de dos maneras: en un curso para un grupo de mujeres, guiadas por una orientadora, o leerlo de manera individual y llevar a cabo los ejercicios.

Si decides trabajar con el libro de manera individual, te recomendamos que lo vayas haciendo en no menos de **8 semanas;** es decir, no lo leas de corrido, ve leyendo poco a poco cada capítulo y haciendo los ejercicios; concédete tiempo para practicarlos por varios días. Una vez que hayas comprendido y practicado los ejercicios de un capítulo, pasa al siguiente. El capítulo 2, así como los dos últimos, tendrás que releerlos una vez que tu bebé haya nacido, ya que tratan acerca de lo que vivirás a partir de ese momento.

En qué consisten los ejercicios

Se trata de contestar preguntas y **reflexionar** por escrito sobre algunos temas; además de poner en práctica algunas maneras nuevas de comportarte. Necesitas una libreta específicamente para este ejercicio.

Escribir lo que piensas y sientes es como platicar contigo misma sobre temas que es difícil hablar con los demás. Lo que escribas te ayudará a aclarar tus pensamientos y sentimiento y a **dar salida a emociones** tales como enojos y miedos que quizá tienes guardados. Para escribir y hacer los ejercicios te sugerimos buscar un momento en que puedas estar a solas, tranquila y sin prisas.

También te recomendamos, cuando sea posible, platicar con tu pareja, amigas o personas a quienes tengas confianza acerca de lo que vayas aprendiendo o descubriendo.

Es muy importante que aprendas a **darte tiempo para ti misma**, ya que la mayoría de las mujeres se pasa la vida haciendo cosas para los demás y se olvida de ella misma. Es difícil que una mujer cumpla con todas sus tareas y responsabilidades si no se da un espacio para **reflexionar y recuperar las energías**.

Como complemento a este libro puedes leer: *¿Es difícil ser mujer? Una guía sobre depresión*, de María Asunción Lara y colaboradoras (Editorial Pax México, México, 1997). En él encontrarás más información acerca de la depresión en las mujeres.

Buscar nuestro bienestar es nuestro primer regalo para nosotras y para nuestro bebé.

Si este libro llega a tus manos después de que hayas dado a luz, también te será de gran utilidad, así que procede a leerlo y toma lo que te sirva.

¡Se puede!

Sólo requieres constancia para ir haciendo los ejercicios que aquí te sugerimos.

1
Embarazo
y cuidado de mí misma

Paty y su marido consideraron que era un buen momento para tener un bebé y ella supuso que tardaría varios meses en quedar embarazada; pero no fue así, ya que ocurrió el primer mes. El marido estaba encantado, pero a ella le tomó por sorpresa y poco a poco se dio cuenta de que no se sentía tan feliz como esperaba. ¿No era esto lo que ella quería? ¿No había pensado muchas veces en lo contenta que iba a estar cuando tuviera un bebé? Entonces, ¿por qué se sentía así: a veces bien, pero la mayor parte del tiempo muy triste y preocupada? No se atrevía a hablar de su tristeza con nadie pues temía que no la entendieran y la criticaran.

¡¡Qué sorpresa!!
¿Por qué siento tristeza en vez de alegría?

1. ¿Cómo me siento de estar embarazada?

Aunque la maternidad puede ser una experiencia maravillosa en la vida de la mujer, puede llegar en un momento no esperado o muy inconveniente. **Asimilar y aceptar el embarazo puede ser difícil** para muchas mujeres; de hecho, puede convertirse en una experiencia angustiante que provoca depresión.

Por lo tanto, es conveniente que revises la circunstancia en la que te has embarazado, pues muchas veces de ello depende lo contenta o infeliz que te sientas respecto de tu embarazo. Éstas pueden ser algunas situaciones:

❀ **Estabas tratando** de quedar embarazada.
❀ Aunque querías quedar embarazada algún día,
   no estabas intentando quedar embarazada ahora.
❀ **Estabas evitando** quedar embarazada.

Puedes tener, por lo menos, cuatro reacciones ante estas situaciones:

⊚ Estar **contenta** con tu nuevo estado.
⊚ **No estar tan contenta**, pero lo suficiente como para tratar de hacer lo mejor posible ahora que ya lo estás.
⊚ **No estar segura** de si fue una buena idea.
⊚ **Lamentar** que haya pasado, estar disgustada por ello o francamente angustiada y deprimida.

Es un proceso... que se da poco a poco...

Cualquiera que sea tu situación, lo importante es que la reconozcas, aunque por ahora no trataremos el tema. Sin embargo, es conveniente que sepas que si no estás muy contenta por estar esperando un bebé, lo lamentas o te sientes disgustada por ello, probablemente **al leer este libro o a lo largo del curso te irás sintiendo mejor** y quizá hasta llegues a estar contenta por tu embarazo. Esto le ha pasado a muchas mujeres que han participado en los grupos en los que trabajamos con este libro.

¿Cuál es tu situación personal respecto al embarazo?

❀ _____

_____

_____

❀ _____

_____

_____

❀ _____

2. Qué es la depresión

→ Antes de hablar de la depresión, piensa qué sabes de ella

¿Podrías decir, según tu experiencia, qué es la depresión? ¿Alguien cercano a ti ha estado deprimido? ¿Has estado deprimida? Si la respuesta es sí, ¿cómo te sentiste?

_____

_____

_____

_____

_____

_____

_____

_____

_____

_____

La palabra depresión se usa en la vida diaria como sinónimo de tristeza. Sin embargo, **la depresión es más grave que la tristeza** porque es de mayor duración y más severa.

Para hablar de depresión tienen que presentarse con gran intensidad por lo menos **5 de los 9** síntomas que aparecen a continuación y, al menos durante **dos semanas** seguidas. Dos de ellos son: sentir **tanta tristeza que nada parece quitarla y perder el interés** por todo, hasta por lo que más nos gusta.

Cabe aclarar que durante el embarazo y el posparto hay muchos cambios y síntomas que pueden confundirse con depresión; por lo tanto, observa a continuación las diferencias entre los síntomas propios de la depresión y los cambios normales en el embarazo.

¿Cuáles son los síntomas de la depresión?

Pon una palomita en el círculo de la siguiente página si padeces ese síntoma, una vez que hayas analizado si es un estado emocional y no un síntoma propio del embarazo.

1. Tristeza, desgano y sentimientos de vacío ➡ Durante el embarazo puedes tener **días tristes**, pero también momentos de **mucha alegría**, como cuando sientes los movimientos de tu bebé. Para considerarse como síntomas de depresión deben durar la mayor parte del tiempo, un mínimo de dos semanas casi todos los días.

2. Pérdida de interés por las actividades que normalmente nos gustan ➡ Como mujer embarazada puedes entrar en un proceso para reordenar tus prioridades, por lo que ciertas actividades que antes te gustaban pierden importancia, pero otras, sobre todo las que tienen que ver con el desarrollo óptimo de tu bebé, te siguen interesando. Aquí hay un **cambio de algunos intereses** por otros, mientras que en la depresión se pierde el interés por la mayoría de las cosas.

3. Comer mucho o muy poco (bajar o aumentar de peso) ➡ Los cambios en la manera de comer son normales en el embarazo pues en verdad tienes mayor apetito o la náusea te impide comer. En la depresión hay pérdida del apetito sin causa aparente, o necesidad exagerada de comer.

4. Problemas para dormir: dormimos demasiado o nos da insomnio ➡ Dormir mucho como consecuencia del **cansancio** provocado por el embarazo **es normal**, pero no por falta de interés en la vida. Por su parte, el insomnio no suele acompañar al embarazo excepto al final, cuando el abdomen dificulta acomodarse para dormir o reacomodarse una vez dormida. En la depresión, los problemas para dormir no tienen que ver con encontrar o no una postura cómoda.

○ **5.** Los movimientos son lentos, el cuerpo se siente pesado o sufrimos gran intranquilidad ➡ Al igual que el anterior, la dificultad para moverse suele presentarse sólo cuando el vientre ya ha crecido mucho y no como resultado de la ansiedad o falta de energía. Por otro lado, tener **cierta intranquilidad** por el bienestar y la **salud del bebé** en el vientre es normal, pero no cuando aparecen ideas que no cesan o que irrumpen sin control en el pensamiento.

○ **6.** Fatiga, apatía y poca energía ➡ Aquí la diferencia clave está en la apatía y poca energía, pues **la fatiga es una sensación normal** en el embarazo.

○ **7.** Sentimientos de culpabilidad, impotencia e inutilidad ➡ Estos sentimientos **no** son característicos del embarazo.

○ **8.** Dificultad para concentrarte y para recordar los pendientes ➡ También puede surgir en el embarazo, pero como consecuencia de sentirte distraída, **"en la luna"** o "en las nubes" y **no** provocada **por ansiedad.**

9. Tener ideas de muerte

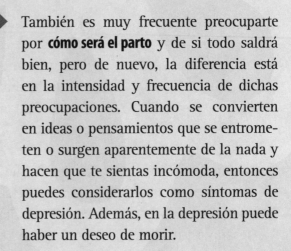

También es muy frecuente preocuparte por **cómo será el parto** y de si todo saldrá bien, pero de nuevo, la diferencia está en la intensidad y frecuencia de dichas preocupaciones. Cuando se convierten en ideas o pensamientos que se entrometen o surgen aparentemente de la nada y hacen que te sientas incómoda, entonces puedes considerarlos como síntomas de depresión. Además, en la depresión puede haber un deseo de morir.

Si al revisar esta lista descubres que hay depresión o que, si bien tienes menos de cinco de los síntomas pero éstos aparecen la mayor parte del tiempo y te producen malestar, **este libro** te mostrará diversas **maneras de cambiar ese estado de ánimo**. Sin embargo, si llevas tiempo intentando salir adelante y no puedes, o si a pesar de realizar estos ejercicios no logras sentirte mejor, al final del libro encontrarás una guía respecto de la ayuda que debes conseguir.

> ## Si fuera el caso, es muy importante que busques ayuda profesional

Hay un aspecto de la depresión que la complica, y es el hecho de que con frecuencia cuesta trabajo hablar de ella. Las personas deprimidas temen que las califiquen como locas y tienden a aislarse; les cuesta trabajo estar con otros, aunque los necesitan.

3. Ejercicio: Cuidar de mí misma

¿Para qué sirven estos ejercicios?

Esta serie de ejercicios busca que tomes conciencia de la importancia de cuidarte a ti misma. Su objetivo es **mejorar tu estado de ánimo** y tu salud física durante el embarazo y después de éste.

¡Qué preocupada estuve antes! Ahora, gracias a los ejercicios estoy aprendiendo a quererme y cuidarme amando a mi bebé.

Para la mujer embarazada **cuidar de ella** misma se convierte en una forma no sólo de **cuidar a su bebé**, sino de comenzar a amarlo. La conexión que existe entre tu bebé y tú es absoluta: en tu vientre, al bebé le afectan tus estados de ánimo, se alimentará de lo que comas y recibirá el oxigeno que inhales. Igualmente, si ingieres alcohol, fumas o tomas drogas o medicamentos sin que te los haya recetado un médico, el bebé estará consumiendo sustancias que pueden alterar su buen desarrollo.

Hay seis áreas en las que puedes cuidar de ti misma

En primer lugar, y en donde vamos a poner mayor atención a lo largo del libro, es en mejorar tu estado de ánimo, y cuidar de ti misma ayudará a este fin.

1. Cuidar tu estado de ánimo.
2. Asistir regularmente a tus revisiones médicas a partir de que sospechas que estás embarazada.
3. Hacer ejercicio.
4. Vigilar tu alimentación.
5. Procurarte descanso.
6. No consumir alcohol, drogas o tabaco durante el embarazo y puerperio.

Estos cuidados son fundamentales para tu bienestar y el de tu bebé, no sólo a lo largo del embarazo, sino también en el posparto, así los esfuerzos que hagas para aprender a **cuidar de ti misma aportarán grandes beneficios para ti y para tu bebé**, tanto cuando él está en tu interior como cuando lo tengas en tus brazos.

1. Cuidar mi estado de ánimo

La depresión y la ansiedad no sólo te afectan a ti, sino también a tu bebé. Estos síntomas **pueden influir**, por ejemplo, en que **tu bebé** nazca con menor peso. Por otro lado, una madre con un estado de ánimo positivo y relajado se lo transmitirá a su bebé.

Con frecuencia pensamos que no podemos enfrentar la depresión y la ansiedad, pero la verdad es que sí hay cosas que podemos hacer, como verás a continuación.

Actividades agradables

❧ Cuando hacemos actividades que disfrutamos, generalmente:

    ✿ Nos sentimos más contentas.
    ✿ Tenemos pensamientos más positivos acerca de nuestra vida.
    ✿ Estamos más dispuestas a tener contacto con otras personas.

Cuando estamos desanimadas o cansadas, generalmente es difícil tener energía para hacer actividades agradables, PERO hacerlas te ayuda a sentirte mejor y menos cansada.

Muchas actividades son agradables porque nos dan la oportunidad de experimentar la vida más plenamente.

Las mujeres que han asistido a cursos como éste nos han dicho que para **mejorar su estado de ánimo** les han servido las siguientes actividades:

- Platicar con alguien por teléfono o en persona, buscar ayuda o estar con la familia.
- Pensar de manera positiva, analizar la situación que les preocupa y buscar soluciones, aun cuando no sean totales.
- Salir a caminar, oír música, bailar, distraerse o hacer cosas con los hijos.
- Hacer manualidades, salir a vender o escribir.

- Rezar e ir a la iglesia.
- Cantar.
- Salir con amigas.
- Arreglarse.
- Preparar una comida nueva o especial.
- Aprender algo nuevo.
- Hacer ejercicios de relajación.
- Leer.
- Ver a personas agradables.
- Hacer ejercicio físico (por ejemplo: una buena caminata al día).

Las acciones que **menos les han ayudado** son:

✗ Desesperarse o angustiarse.
✗ Encerrarse, estar solas.

Y **la peor:**

✗ No hacer nada.

Seguramente tú también has intentado varias cosas cuando estás triste o desesperada. **¿Qué has hecho para sentirte mejor** y te ha servido? (Recuerda que todo esto lo puedes contestar aquí o en tu cuaderno).

De acuerdo con la lista que describimos arriba, escoge cuatro o cinco actividades que deseas realizar y que **te propones poner en práctica** esta semana. Sólo si las practicas con constancia te pueden ayudar.

La historia de Violeta y María[2]

Veamos la historia de **Violeta y María** para explicarte mejor cómo funciona el practicar actividades agradables.

Violeta y María tienen cinco meses de embarazo. Observa en el dibujo la actitud de cada una y ve cómo está marcado el número que corresponda al estado de ánimo de Violeta y de María en cada escena de ambas historias: 1 es un estado de ánimo muy depresivo y 9 es un estado de ánimo muy alegre.

LA HISTORIA DE VIOLETA

LA HISTORIA DE MARÍA

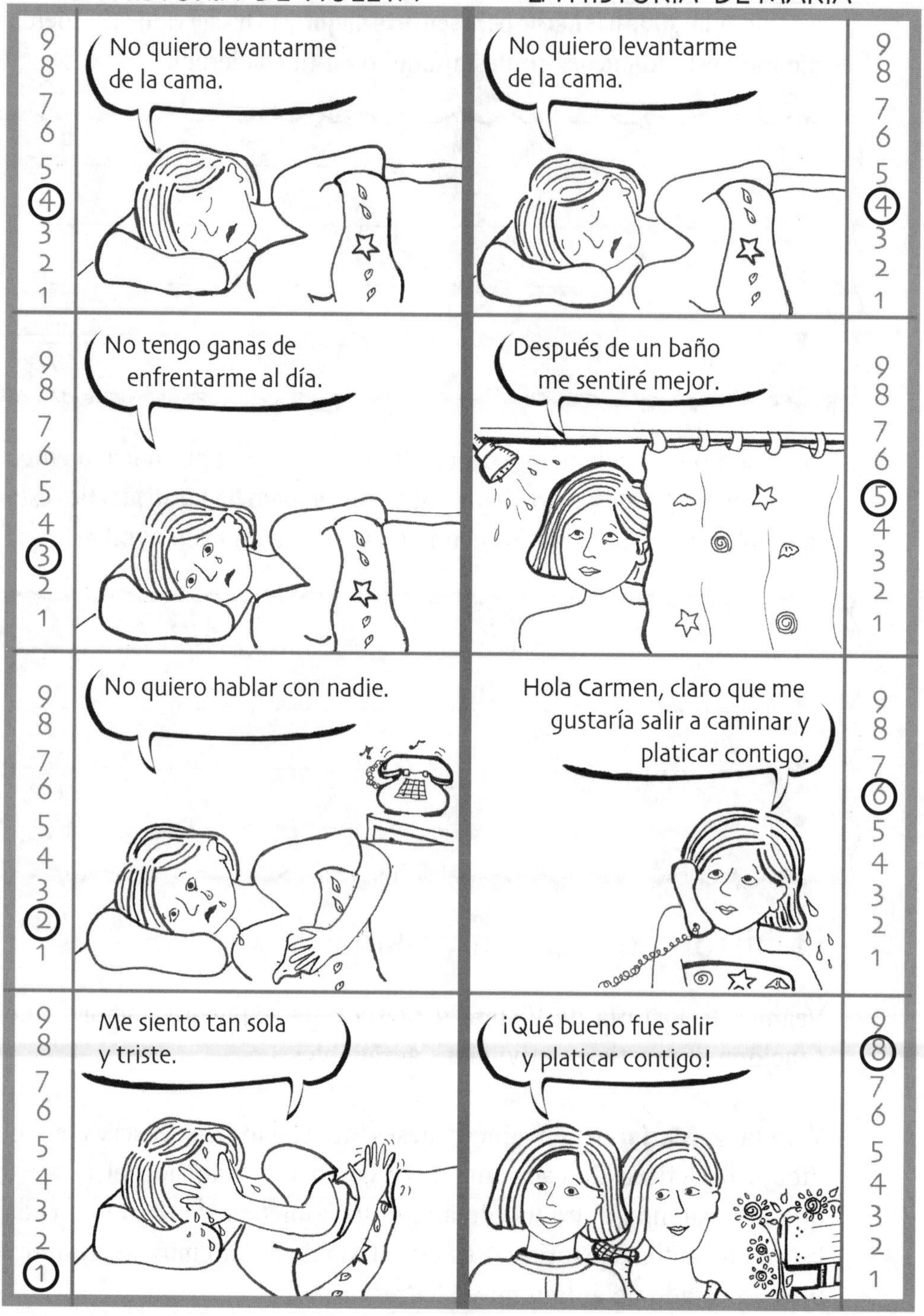

Como puedes observar, en cada momento del día Violeta y María van escogiendo qué pensar, hacer, decidir y cómo tratar a otras personas. Cada decisión mejora o empeora su bienestar emocional o lo mantiene igual. Además, puede tener un pequeño efecto en su estado de ánimo; pero cuando se acumulan varias decisiones, pueden ocasionar un cambio acentuado en su manera de sentir.

Por ejemplo, **Violeta** se despierta (su estado emocional es de 4), se queda en la cama (cambia a 3), ignora el teléfono (baja a 2), se queda en su casa, se siente triste y sola (sigue en 2) y finalmente empieza a llorar (baja a 1). **Cada decisión va empeorando su estado de ánimo**.

Por el contrario, **María** se despierta (su estado emocional es de 4), se baña (sube a 5), contesta el teléfono y habla con una amiga (sube a 6), sale con su amiga y se siente mejor (sube a 8).

De ahora en adelante, cuando te sientas como **Violeta y María**, observa de nuevo las ilustraciones y trata de seguir los pasos de María con las actividades positivas que te hayas propuesto. Te aseguramos que te ayudará mucho.

2. Asistir regularmente a tus revisiones médicas a partir de que sospechas que estás embarazada

Seguramente has escuchado la frase "ya se alivió", refiriéndose a la mujer que ha dado a luz, y si bien el embarazo no es una "enfermedad" de la cual una se "alivie", sí es un periodo que **requiere atención médica** para cuidar de la salud de la madre y del sano desarrollo del bebé, como ya vimos. Por lo tanto, es importante que tan pronto como sepas que estás embarazada, vayas a tu clínica o a tu médico y no esperes a sentirte mal o tener un problema. Asiste a tus citas mes con mes; así estarás cuidando de ti misma y de tu bebé.

3. Hacer ejercicio

El ejercicio físico que te recomendamos no tiene que ser intenso. En tu estado es recomendable **una buena caminata al día** o el ejercicio que ya vienes realizando. Ejercitarte moderadamente puede reducir los efectos del estrés, reducir la depresión, mejorar tu salud y favorecer el óptimo flujo sanguíneo hacia el útero. Cuando tengas la opción entre caminar unas cuadras o tomar un coche o camión, mejor camina.

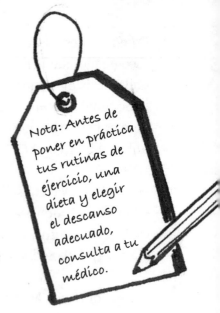

Nota: Antes de poner en práctica tus rutinas de ejercicio, una dieta y elegir el descanso adecuado, consulta a tu médico.

4. Cuidar tu alimentación

Una buena nutrición es la que incluye **alimentos de todos los grupos:** en primer lugar verduras y frutas, además de frijol, carne, huevo, pescado, leche, queso, yogurt, pan y tortillas. Pero el bebé que está creciendo en tu vientre tiene ciertas necesidades específicas. Los nutrientes básicos son nueve y a continuación se especifican los alimentos que los contienen:

1. **Ácido Fólico**: Naranjas, frijol negro, chícharos, espárragos, espinacas, acelgas y avena.
2. **Calcio**: Leche, quesos, yogurt, vegetales verde oscuro.
3. **Hierro**: Carne, pollo, frijoles y vegetales verde oscuro.
4. **Vitamina C**: Naranjas, toronjas y cítricos en general. Brócoli y otros vegetales verdes.
5. **Cobre**: Pescado y mariscos y panes **integrales.**
6. **Vitamina B6**: Frijoles, plátanos, nueces, huevos (no crudos), pan **integral** y carne roja.
7. **Zinc**: Pescado, frijoles, carne roja.
8. **Vitamina B12**: Leche, queso, yogurt, huevos y carne roja.

9. **Riboflavina**: Leche, quesos, yogurt, huevos cocinados, pan **integral**, vegetales verdes, sobre todo el brócoli.

5. Descanso

Otro cuidado que puedes proporcionarte durante el embarazo es **buscar pequeños momentos de descanso** a lo largo del día. No es necesario dormir por periodos prolongados, pero sentarte y elevar las piernas durante 10 o 15 minutos por la mañana y por la tarde pueden contribuir a un embarazo saludable y a un mejor desarrollo de tu bebé. Durante estos descansos es útil procurar que tu cuerpo se relaje y que la respiración sea más profunda.

El descanso nocturno también es importante, por lo que hay que procurar dormir alrededor de ocho horas diarias. Conforme tu vientre crezca, será más difícil que te acomodes para dormir; al respecto, puedes buscar recomendaciones de otras mujeres sobre posiciones que funcionan mejor.

6. Evitar el consumo de alcohol, drogas y tabaco

Fumar, tomar alcohol en exceso y consumir drogas tiene **efectos negativos** en el desarrollo del embarazo y, por ende, en la salud del bebé, por lo que hay que evitarlo.

Fumar durante el embarazo aumenta la posibilidad de aborto espontáneo y los bebés pueden nacer bajos de peso, por ejemplo. Cuando las mamás siguen fumando después de dar a luz, sus bebés son más propensos a padecer asma y tienen mayor riesgo de contraer neumonía, bronquitis y problemas de los oídos. Por otra parte, cuando la madre bebe en exceso, los bebés pueden padecer el Síndrome Alcohólico Fetal, que, entre otras complicaciones, puede provocar trastornos del aprendizaje, memoria, atención y habilidad para resolver problemas. El consumo de drogas durante el embarazo afecta al bebé porque puede nacer con Síndrome Neonatal de Abstinencia. Esto significa que nace con adicción a las drogas y puede experimentar, entre otros síntomas, enorme sensibilidad al ruido, irritabilidad, mala coordinación, temblores y problemas de alimentación.

Si enfrentas alguno de estos problemas, **busca ayuda**, ya sea en la institución en la que te atiendes, en centros especializados, con especialistas de la salud mental o con tu médico.

En resumen

Cuidar tu salud física y emocional es muy importante. Te va a beneficiar a ti misma, a tu bebé y a tu familia.

Actividades para esta semana:

- Ⓔ Poner en práctica aquellas actividades gratificantes que escogiste y que te van a hacer sentir bien.
- Ⓔ Proponerte hacer visitas regulares a tu médico.
- Ⓔ Hacer ejercicio físico.

continúa

→
- ⊚ Comer sano.
- ⊚ Descansar.
- ⊚ Decidir no fumar, no consumir bebidas alcohólicas ni drogas durante el embarazo y el posparto.

Recordatorio

Los recordatorios son **pensamientos positivos** que también te pueden ayudar a mejorar tu estado de ánimo. Escribe en una tarjetita la siguiente idea y pégala en un lugar en donde puedas verla toda la semana.

"Yo importo, por eso me cuido y me doy tiempo a mí misma, sobre todo ahora que voy a ser mamá."

Cuadro de actividades

En la página siguiente, marca con una palomita las actividades que te propones hacer a lo largo de esta semana; no tienen que ser todas, elige las que pienses que te beneficiarán más y que vas a tratar de hacer. Ve tachando las que vas realizando.

Actividades para esta semana

	L	M	M	J	V	S	D
Realizar actividades agradables							
Hacer ejercicio físico							
Comer sano							
Descansar							

2 Depresión durante el embarazo y el posparto

Aunque su cuerpo parecía el mismo... Rosi experimentaba una serie de nuevas sensaciones, olores que jamás había percibido de esa forma, cambios de humor sin motivo. Sus parientes, amigas y compañeras de trabajo hacían comentarios sobre sus historias personales durante el embarazo... "yo lloré mucho, me mareaba", "A mí todo me producía angustia, me preocupaba de que naciera bien." Rosi no sabía qué creer, qué pensar y dudaba si todo eso le tenía que suceder a ella; se preguntaba si existiría una respuesta a sus dudas, alguna forma de prepararse para no experimentar todo eso y, sobre todo, que esta experiencia de embarazo fuese positiva y no todo lo negativa que le platicaban.

Antes de iniciar esta lectura, reflexiona un poco en lo siguiente:

Si es tu primer embarazo, ¿cuáles crees que sean los cambios más importantes que están ocurriendo en tu vida a raíz de que te embarazaste, y cuáles crees que serán los cambios más importantes una vez que nazca tu bebé?

Si ya has sido mamá antes, ¿cuáles fueron los principales cambios que experimentaste en embarazos pasados y con la llegada de tu bebé, y cuáles crees que serán los principales cambios ahora?

1. Cambios durante el embarazo

Desde el momento en que una mujer queda embarazada, experimenta un cambio interno importante, pues pasa de ser hija de su madre a ser madre de su hijo(a). Este nuevo estado y todo lo que implica, será permanente, y los cambios suelen ser mucho más intensos y radicales en las mujeres que son madres por primera vez. Lo anterior te llevará a sentirte y a verte de manera diferente y quizás a tomar decisiones distintas a las que tomabas antes.

Así, de ahora en adelante, es muy probable que tengas que reorganizar tus prioridades. Un ejemplo de esta reorganización es cuando una mujer decide dejar de fumar al momento de saber que está embarazada.

Hay tantos cambios durante el embarazo y al dar a luz que algunos consideran este periodo como una **crisis**. Aquí, "crisis" tiene un sentido positivo, ya que se refiere a que todo cambia: a partir de este momento hay cosas que ya no se pueden hacer y cosas nuevas que se tienen que hacer. Como no puede volverse atrás, es necesario irse adaptando a las nuevas situaciones.

Esta crisis afecta a todas las mujeres embarazadas, ya que cambios tan profundos llevan a un desequilibrio que, en condiciones favorables, puede representar una oportunidad de lograr una mayor madurez personal. De ahí que el objetivo de este libro sea proporcionarte información y apoyo para que esta crisis promueva tu crecimiento y no la depresión.

Durante tu embarazo vives los cambios de manera cotidiana y en distintos niveles: **físicos**: el vientre cambia día a día y hay que encontrar una nueva forma de moverse; **psicológicos**: hay una preparación interna para ser mamá, que da emoción y temor; en la **vida diaria**: hay que ir más seguido al doctor y hacerse análisis. No siempre es fácil adaptarse a dichos cambios, y eso puede alterar tu estado de ánimo.

A lo largo del embarazo, las mujeres, en especial quienes van a **ser madres por primera vez**, experimentan una **transformación psicológica que las prepara para hacerle espacio al bebé en su vida y para asumir una nueva identidad como madres**. Ahora, ya no sólo piensas en ti, pues en todas tus decisiones estarás tomando en cuenta a tu bebé. Asimismo, tus acciones ya no te afectan sólo a ti, sino también al bebé. Éstos son cambios que pueden resultar difíciles, por lo que es importante que consideres cómo te sientes ante ellos y si las circunstancias te son favorables o no. Puede ser que por presiones o problemas internos o externos sientas que tu capacidad de adaptarte a ellos sea rebasada e impida que esta crisis te lleve a un proceso de crecimiento emocional y que, por el contrario, te deprimas.

2. Tristeza y depresión posparto

Aunque el embarazo representa un momento muy particular de tu vida, la depresión que puedes experimentar ahora no es diferente de la que pudiste haber sentido en otros periodos. Actualmente puedes sentirte muy distinta que antes del embarazo; por ejemplo: puedes sentirte más cansada, más vulnerable o más agobiada por los cambios corporales, o preocupada por tu salud y la de tu bebé. Sin embargo, sentir todo esto no necesariamente quiere decir que estés deprimida ya que, como vimos en el capítulo anterior, muchos de estos cambios, aunque parecidos a los que se manifiestan en la depresión, también son propios del embarazo. Así pues, es importante tener los elementos para distinguir entre los síntomas propios del embarazo y los de la depresión, dado que una de cada cinco mujeres embarazadas puede deprimirse. Si éste fuera tu caso, necesitas buscar ayuda.

En las mujeres embarazadas, **la depresión puede presentarse como** una mezcla de **tristeza y ansiedad**, o también manifestarse como **irritabilidad y agitación**. Además, se ha visto que la ansiedad excesiva puede llevar por sí sola a la depresión.

Ya sea que presentes depresión o no, este libro te será de utilidad para tener un embarazo más positivo y lograr que sea una época de crecimiento que te permita sentirte más fuerte y preparada para el nacimiento de tu bebé.

Durante nueve meses, la mujer se prepara para el gran momento del nacimiento de su bebé. Sin embargo, cuando llega ese momento, muchas no sienten la inmensa felicidad y plenitud que habían imaginado. Alrededor de la mitad de las mujeres que tienen un bebé, pasan por un periodo de **tristeza y angustia** que puede ser considerado como **normal**. Pero esto no quiere decir que no merezca atención, ya que hay que vigilar que estos síntomas disminuyan en vez de agravarse con el tiempo. Asimismo, una o dos de cada diez mujeres sufrirán una franca depresión, que es un estado más permanente y grave.

Con frecuencia, los sentimientos de tristeza van acompañados de gran ansiedad. También es común que, por razones que parecen insignificantes, la mujer rompa en llanto y a ratos sienta que su bebé no es importante. Así puede llegar a sentir que lo único que quiere es que la cuiden y que alguien más se haga cargo del bebé. Si llegaras a presentar alguno de estos sentimientos, es importante que distingas si estás pasando por un periodo de tristeza transitorio o si estás en una situación de depresión posparto. Saber **cuándo una tristeza se convierte en una depresión** propiamente dicha es difícil, pero son factores determinantes para saberlo la duración y la intensidad de los síntomas, y si éstos te están impidiendo realizar tus labores cotidianas.

Diferencias entre tristeza y depresión posparto

En el cuadro 1 verás las características de la tristeza, así como de la depresión posparto, información que te será de mayor utilidad una vez que nazca el bebé. Es bueno que la leas ahora y que la tengas a mano en caso de que después la quieras consultar.

Cuadro 1. Diferencias entre tristeza y depresión posparto

Tristeza posparto	Depresión posparto
Descripción	**Descripción**
ᘓ Presentas un cambio leve en tu estado de ánimo.	ᘓ Presentas un cambio drástico en tu estado de ánimo.
ᘓ Ocurre de 3 a 7 días después del parto.	ᘓ Se inicia en las primeras 4 semanas después del parto.
ᘓ Los síntomas duran 2 o 3 semanas.	ᘓ Los síntomas duran más de 2 semanas.
Síntomas	**Síntomas**
ᘓ Presentas cambios en tu estado de ánimo.	ᘓ Los cambios en el estado de ánimo son los mismos, pero con una mayor duración
ᘓ Llanto, inquietud, tristeza irritabilidad.	ᘓ Desesperanza.
ᘓ Muchos cambios emocionales.	ᘓ Sensación de que las circunstancias te rebasan.
ᘓ Problemas con el apetito.	ᘓ No te ocupas del bebé o la preocupación por su bienestar es un agobio incesante.
ᘓ Cansancio.	
ᘓ Dolor de cabeza.	ᘓ Presentas 5 o más síntomas de depresión (revisados en el Capítulo 1).
ᘓ Problemas para dormir porque te levantas a ver al bebé.	
ᘓ No te sientes bien contigo misma.	ᘓ Tienes sentimientos negativos hacia otros, incluido tu bebé.
Qué hacer	**Qué hacer**
ᘓ Busca el apoyo de familiares y amigos.	ᘓ Acude al médico, psicólogo o enfermera lo más pronto posible.
ᘓ Trata de hacer actividades placenteras.	ᘓ Busca el apoyo de tu pareja, familiares y amigas para cuidar al bebé.
ᘓ Cuida tu descanso, toma siestas, cuida tu dieta.	ᘓ Trata de hacer actividades agradables, cuida tu descanso y tu dieta.
ᘓ Recuerda que es normal.	

Psicosis posparto

Hay un estado más grave que por fortuna afecta a muy pocas mujeres y que se conoce como **psicosis posparto**. Consiste en una depresión más grave y profunda que la depresión posparto. Lo que distingue a este padecimiento es que, además de la intensa depresión y angustia, la madre tiene ideas de que ella es un peligro real para su bebé, pues puede dañarlo y, debido a esto, se siente incapaz de cuidarlo.

Lo anterior la lleva a creer que sería mejor que el bebé no viviera. Al tomar conciencia de estas ideas, también cree que es un peligro para sí misma, ya que puede sentir que debe terminar con su propia vida para no poner en riesgo a su bebé. Estos pensamientos la agobian y no puede descartarlos con argumentos racionales. Hay que subrayar que la psicosis posparto es un estado que afecta a muy pocas mujeres, pero es importante estar informada para que **busques ayuda de inmediato** por si llegaras a tener estas ideas de manera recurrente.

¡ALTO! URGENCIA EXTREMA

Como puedes ver, es muy frecuente que el posparto sea un periodo de grandes retos. Si sufres depresión, hay que respirar hondo y recordar que le ocurre a muchas mujeres. Evita sentirte culpable, ya que tú **no eres responsable de deprimirte**. Ya sea que tengas tristeza, depresión o simplemente un periodo difícil en la vida, conviene recordar que **no estás sola con tu bebé y que la crisis es temporal.** Ten paciencia, pues tu bebé crecerá y tú aprenderás a cuidar de él o ella. La clave es buscar la ayuda adecuada.

3. Relación con tu bebé

Pero hagamos a un lado la depresión para que puedas concentrarte en tu bebé, que es lo más importante. Para esto te servirá el siguiente ejercicio.

Ejercicio: Relajación e imaginación para entrar en contacto con el bebé[3]

¿Para qué sirven los ejercicios de relajación?

Los ejercicios de relajación son actividades que ayudan a **reducir la tensión** y la ansiedad. Además, te ayudarán a sentirte con un mejor estado de ánimo y te servirán para concentrarte en tu bebé y transmitirle cariño.

Es probable que la primera vez que los realices no sientas mucho el efecto porque, como muchas otras cosas, hay que **practicarlos** para ir adquiriendo la capacidad de relajarse. Para hacerlo con mayor facilidad, puedes grabar el texto con voz pausada y después escucharlo, a la vez que lo vas siguiendo.

La primera parte es la misma para todos los ejercicios de relajación que se presentan en este libro; la segunda, es la que va variando de acuerdo con los propósitos de cada ejercicio.

Cómo hacerlo

Primera parte

Ponte en una posición que te sea cómoda, ya sea sentada o recostada (si estás en casa). Ahora, comienza por respirar profundamente varias veces. Sin dejar de respirar de esta manera, contén la respiración durante unos segundos... Y exhala...

Relájate y vuelve a respirar normalmente. Con cada inspiración, siente cómo el aire entra suavemente hasta tus pulmones... Cuando exhalas, siente cómo, con el aire, expulsas las tensiones y la incomodidad. Sostén el aire dentro lo más que puedas, expandiendo tu pecho lo más ampliamente posible, y exhala, volviendo a sentir cómo con el aire expulsas las tensiones y la incomodidad. Bien, ahora inhala... Sostenlo... Sostenlo...

Bien, y exhala... soltando toda la tensión que aún puedas tener en el pecho. Relájate y comienza a respirar normalmente, utilizando de vez en vez la respiración profunda para continuar sintiéndote relajada y alerta, pero evitando hacer esfuerzo.

Deja que descansen tus brazos y piernas. Muévete lo necesario hasta que encuentres la mejor postura para ti... Comienza a sentir tu cuerpo cada vez más pesado y siente cómo se hunde en el lugar en donde estás en este momento. Estás alerta, y conforme te acomodas mejor y te relajas, tu cabeza comienza a ponerse muy pesada... Tu cuello también pesa más y más... Siente el peso de tus hombros conforme te sumerges en tu lugar cálido y cómodo... Vuelve a respirar profundamente, soltando más tensión conforme exhalas... Te das cuenta de lo pesado que está tu pecho... Inhala... Exhala sintiendo como sacas la tensión que quedaba en tu pecho... Siente tu vientre relajándose mientras te hundes en el lugar en que te acomodaste... Siente tus nalgas pesadas y relajadas... Respira profundo... Ahora comienza a concentrarte en tus piernas, primero tus muslos, luego tus rodillas, tus pantorrillas... tus tobillos... y tus pies... Comienza a sentir lo relajado, pesado y calientito que está todo tu cuerpo. Siente cómo se relajan tu vientre y tu área genital. Mientras respiras, libera cualquier tensión que guardes en estos lugares. Conforme tu vientre comienza a relajarse, trata de sentir a tu bebé que comienza a relajarse. Visualiza a tu bebé flotando en los tibios líquidos de tu vientre, sintiéndose calientito, relajado y satisfecho. Concéntrate en esto durante un momento... (Deja pasar un minuto antes de continuar.)

Segunda parte

Ahora, haz una respiración lenta y profunda, y conforme llega a tus pulmones, imagina que el aire comienza a brillar como un arroyo de luz radiante y delicada. Mientras respiras, imagina que este arroyo de luz se vuelve cada vez más brillante al llenarse con la bondad y la energía positiva que le quieres transmitir a tu bebé. Cuando estés lista, vuelve a respirar profundamente. Cuando exhales, envía esta luz suave y brillante alrededor de tu cuerpo... Ahora que la luz te rodea, date cuenta del sentimiento agradable que te produce. Te sientes calientita y cómoda mientras imaginas esta luz alrededor de ti. Ahora, con otra respiración, envía la luz hacia abajo, hacia tu vientre. Permite que la luz entre a tu cuerpo a través de tu ombligo y que se mezcle con suavidad con el líquido de tu vientre, rodeando a tu bebé con bondad, luz y energía positiva.

Trata de imaginar a tu bebé. Nota su cabeza, su pelo fino y suave, su pequeña nariz... Fíjate en sus pequeños ojos. ¿Están abiertos o cerrados? Ve la boquita rodeada por unos labios pequeñísimos y delicados. Observa sus orejas, sus pliegues, sus lóbulos pequeños y redondos... Continúa respirando y, mientras exhalas, manda tu respiración a tu alrededor y abajo hacia tu vientre... Continúa alimentando la luz con tu bondad y energía positiva... Toma conciencia del cuello y los hombros de tu bebé. Recorre sus hombros hacia abajo hasta los codos y hacia las manitas... Observa cada pequeño dedo, las diminutas uñitas... Mira las manos de tu bebé moviéndose en la luz, siendo bañadas por tu energía positiva. Date cuenta de lo relajado, tibio y seguro que se siente tu bebé. Tu bebé sabe que esta bondad y esta calidez vienen de ti, que es mamá quien se las envía... Date un momento para ver como la luz sigue envolviendo a tu bebé con suavidad. Sigue la luz hasta su pecho y nota su corazón latiendo consistentemente a un ritmo suave. Observa el estómago y el ombligo de tu bebé por donde el cordón te conecta con tu bebé. Fíjate en la forma de sus caderas y de su espalda. Nota el área genital de tu bebé y la parte superior de sus piernas. Sigue la luz, ve como baja envolviendo sus piernas, muslos, rodillas, pantorrillas y tobillos. Luego observa como la luz envuelve cada pequeño dedo de sus pies.

Mira a tu bebé flotando en esta luz cálida... Nota como se siente relajado, seguro, calientito y querido. Siente como tú y tu bebé se conectan a través de estos sentimientos, ambos sintiéndose tranquilos y en paz, así como alertas, seguros y calientitos. Deja que tu bebé sepa que vas a dejar la luz ahí para que lo proteja y conforte... Anima a tu bebé a crecer y desarrollarse en la energía positiva y la bondad que le estás transmitiendo. Date un momento para sentir a tu bebé... Y todo esto dentro de tu vientre. Ahora, respira suave y profundamente y dirige tu atención hacia tu estómago, respirando y exhalando con lentitud... Ahora observa tu pecho, siente como crece y se contrae con cada respiración (respira de tres a seis veces seguidas de esta manera)... Tu cuerpo se siente calientito, cómodo y seguro. Te sientes conectada a tu bebé de una manera positiva y amorosa, y tú te sientes relajada y alerta.

Trata de sentir esta sensación tan placentera con mayor intensidad. Ahora pon tu mano derecha sobre tu hombro izquierdo. Al hacerlo, la relajación se va a anclar en tu inconsciente y, cada vez que quieras volver a este sentimiento de paz y tranquilidad, lo único que tienes que hacer es poner tu mano derecha sobre tu hombro izquierdo. Deja que pasen unos minutos para que se pueda dar el anclaje.

Cuando estés lista, comienza a abrir lentamente los ojos para regresar al lugar en que estás. Toma conciencia del cuarto en que estás, percibe la luz... Toma conciencia de los muebles... Y regresa suavemente al aquí y ahora, sintiéndote aún segura y relajada.

Ahora practica el anclaje. Vuelve a poner tu mano derecha sobre tu hombro izquierdo y traten de sentir la tranquilidad que experimentaste durante el ejercicio anterior. (Otra vez, deja unos minutos tu mano en el hombro.) Cuanto más repitas este anclaje, más relajada te vas a sentir, sobre todo en los momentos en que te encuentres más tensa.

Ahora practica el anclaje.

elve a poner tu mano derecha sobre tu hombro

izquierdo y trata de sentir

la tranquilidad que experimentaste.

Cuanto más lo repitas, más relajada te vas a sentir.

Escribe qué sentiste al hacer este ejercicio

❀ _____

_____

_____

_____

_____

_____

_____

_____

_____

_____

_____

_____ ❀

Actividades para esta semana

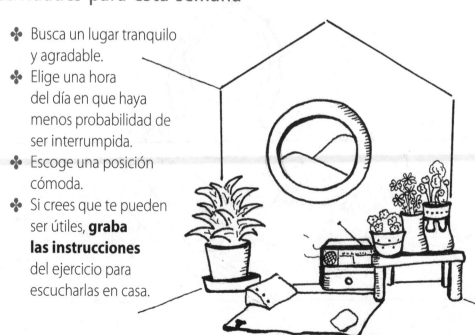

* Busca un lugar tranquilo y agradable.
* Elige una hora del día en que haya menos probabilidad de ser interrumpida.
* Escoge una posición cómoda.
* Si crees que te pueden ser útiles, **graba las instrucciones** del ejercicio para escucharlas en casa.

❧ Ten presente que **la forma en que logres imaginar lo que se te pide es la correcta. Puede ser una imagen clara, como una foto, o pueden ser colores o sensaciones**.

❧ No te preocupes tanto por cómo te sale, sólo practícalo lo mejor que puedas.

Recuerda que las inhalaciones y exhalaciones deben ser profundas y lentas, pero haz sólo de tres a seis veces seguidas y después respira normalmente, ya que si haces muchas continuas, puedes hiperventilar (inhalar demasiado oxígeno) y esto te hará sentir mareada.

Con este ejercicio es posible que te des cuenta de que tu bebé está lleno de vida y que, además, ya tiene ciertos rasgos que son exclusivamente suyos. Existen muchas formas en que puedes ir desarrollando una relación especial con él o ella:

⊚ Puedes hablarle y cantarle. Recuerda que desde los seis meses de embarazo tu bebé ya oye y reacciona a las cosas que le dices.

⊚ Puedes darle palmaditas cuando se mueve y hablarle.

⊚ Puedes escribirle cartas para contarle lo que sientes o cómo ha sido el embarazo.

⊚ Puedes llevar un diario para mantener un registro de tus sentimientos, tus actividades y la conducta de tu bebé dentro de ti.

Recordatorio

"Me siento más preparada para procurarme el cuidado que necesito".

Realiza el ejercicio de relajación

	L	M	M	J	V	S	D
Realiza el ejercicio de relajación							

3

Necesidad de apoyo y comunicación efectiva

Martina estaba feliz con su embarazo, pero comenzó a tener contracciones y el doctor le mandó reposo absoluto. Su vida cambió de golpe. Ella tan autosuficiente, que desde chica había trabajado, que resolvía sus problemas sola, que ni a su marido solía pedir ayuda, ahora necesitaba de todos para todo, hasta para que le llevaran algo de comer a la cama. Los primeros días su esposo la ayudaba mucho. Martina lo aceptó de buena gana pues consideró que, siendo el papá, era su responsabilidad; pero luego él se tuvo que ausentar unas semanas debido a su trabajo... Entonces vio lo difícil que era pedirle ayuda a su mamá o a sus hermanas: ¿Y si le decían que no? ¿Y si estaban demasiado ocupadas? ¿Y si pensaban que era una encajosa? Sin embargo, no le quedaba otra opción: tenía que hacerlo.

¿Pedir o no pedir?

1. Toda mujer que va a ser madre necesita apoyo

Una mujer que desea tener una buena relación con su bebé debe saber que las tareas de madre no las puede desempeñar sola. De hecho, se ha visto que una mamá y un bebé aislados son una pareja en riesgo. Por lo tanto, además de cuidar la relación con tu bebé, es importante que reconsideres tus relaciones con las personas cercanas a ti y con tu entorno para que distingas el tipo de apoyo que cada quien puede brindarte.

Es bien sabido que pese a todos los cambios, necesidades y pérdidas que surgen durante el embarazo y cuando nace el bebé, las mujeres que cuentan con el apoyo emocional y práctico de sus parejas, padres, familiares o amigas, y de instituciones como guarderías o centros de salud, corren menos riesgo de sufrir de depresión. Por **apoyo emocional** se entiende la comprensión o consuelo que te puede brindar una persona a la que le cuentas tus problemas. A su vez, **apoyo práctico** se refiere a la ayuda que recibes para resolver las cosas cotidianas o alguna emergencia, como hacerte un mandado, cuidar un rato al bebé, preparar alimentos y prestarte dinero.

Dentro de los apoyos, el de **la pareja** es uno de los más importantes –del cual se hablará más adelante–, pero también lo es el que te dan otras mujeres; de éstos, uno muy significativo es el de la propia madre.

2. Ejercicio: Buscar apoyo social:[4]

Aunque necesitas recibir apoyo, no siempre están conscientes de ello las personas que te rodean. Si lo estuvieran, sin duda muchas de ellas estarían dispuestas a brindártelo. Por eso, **para recibir el apoyo que necesitas, con frecuencia tienes que pedirlo**. Las mujeres que han sido madres son una fuente importante de apoyo, ya que te pueden dar consejos y ayudarte en tareas concretas respecto al bebé. También pueden brindarte el apoyo maternal y afectivo que probablemente necesites tú misma en esos momentos.

El siguiente ejercicio te servirá para evaluar **quiénes son las personas con quienes cuentas y qué puedes hacer para mejorar el apoyo** que requieres de ellas durante el embarazo, pero sobre todo después de dar a luz. Es posible que las personas que te proporcionen ayuda con tu bebé no sean las mismas que te la brinden a ti; por ejemplo, puede ser que tu suegra no sea la persona a quien le cuentes cosas íntimas, aunque ella sí puede encargarse de algunas de las necesidades del bebé.

a. Identifica quiénes forman tu red de apoyo

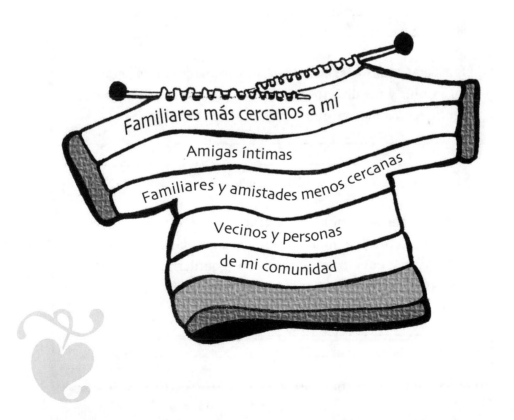

Familiares más cercanos a mí

Amigas íntimas

Familiares y amistades menos cercanas

Vecinos y personas de mi comunidad

b. ¿Quiénes son mis fuentes de apoyo?

De acuerdo con la ilustración, escribe el nombre de las personas que conoces e indica la relación que mantienes con ellas.

Familiares más cercanos a mí, con quienes comparto mis sentimientos y pensamientos:

_____

_____

_____

Amigas íntimas, con quienes puedo hablar de lo que realmente siento y pienso:

_____

_____

_____

Familiares y amistades menos cercanos, Mujeres con las que me gusta salir y me divierto, aunque no comparta con ellas mis sentimientos más profundos:

_____

_____

Vecinas y personas en mi comunidad, Gente que conozco y saludo (vecinas), aunque no me lleve con ellas, y servicios con los que cuento en mi entorno (guardería, dispensario, centro de salud, iglesia, etcétera):

_____

_____

_____

c. ¿Quién puede darme...?

En el cuadro correspondiente, escribe ahora los **nombres de las personas** que pusiste arriba de acuerdo con el tipo de apoyo que puede darte cada una. Puedes incluir a la misma persona más de una vez.

Apoyo práctico:	Consejo o información:
❣ ¿A quién le puedo pedir que me lleve al hospital, me preste algo que necesito o me ayude con el quehacer o las compras?	❣ ¿A quién puedo acudir en caso de que me sienta mal o no entienda algo que me pasa?
❣ _____	❣ _____

Compañía:	Apoyo emocional:
❣ ¿Con quién puedo salir a caminar o platicar, o puedo llamarle por teléfono?	❣ ¿A quién puedo buscar cuando necesito comprensión, ánimo o apoyo porque me siento triste, desalentada o frustrada?
❣ _____	❣ _____

3. ¿Qué puedo hacer para conseguir el apoyo que necesito?

¿Qué puedo hacer?
Necesito apoyo.
¿Cómo lo conseguiré?

Si después de completar el ejercicio anterior descubres que no cuentas con el apoyo que necesitas, puede ser que te encuentres realmente sola por algún motivo o que, a pesar de haber personas a tu alrededor, **tu comunicación con ellas no sea lo suficientemente buena** para obtener lo que necesitas. En cualquier caso, mejorar tu comunicación es una manera en que puedes conseguir el apoyo adecuado.

Aprenda
a mejorar su
comunicación
y así, teja
su propia
red de apoyo

Tipos de comunicación

Observa en el siguiente cuadro las diferentes maneras en que te puedes comunicar con los demás.

	Respetas los deseos de los otros	Respetas tus deseos
Pasiva	Sí	No
Agresiva	No	Sí
Asertiva	Sí	Sí

Ahora te daremos algunas frases que **ejemplifican** los tipos de comunicación del cuadro para que los entiendas mejor.

Comunicación pasiva

Yo invalido mis deseos

◉ (Al esposo) "Si me quisieras, sabrías que necesito que me acompañes al doctor y vendrías conmigo sin que yo te lo pidiera."

◉ (A la mamá) "No te pido que me acompañes porque veo que te interesas poco por mí y por el bebé, si te interesaras, tú me lo ofrecerías sin que yo te lo pidiera."

Comunicación agresiva

No me importan los deseos de los demás

✿ (Al esposo) "Desde que estoy embarazada, ya no me quieres, ni siquiera te importa que tu hijo esté creciendo bien. Si te importara y me quisieras, me llevarías tú al doctor, pero eres un egoísta que sólo piensa en sus cosas."

✿ (A la mamá) "Siempre te has interesado más por mi hermana que por mí. A ella la visitabas diario, aquí nunca vienes ni me preguntas si necesito tu ayuda. Mejor vete con mi hermana si allá es donde estás feliz."

Comunicación asertiva

Respeto mis deseos y los de otros

- ✔ (Al esposo) "El miércoles tengo cita con el doctor, me va a hacer un ultrasonido, y para mí sería muy importante que me acompañaras; me siento más segura si tú estás conmigo."
- ✔ (A la mamá) "Me he estado sintiendo muy cansada; me gustaría que vinieras más seguido para ayudarme con los trastes, la ropa o, a veces, con el bebé. Si lo hicieras, sería maravilloso para mí."

Tanto la comunicación **pasiva** como la **agresiva** pueden proporcionarte ganancias secundarias porque te permiten aislarte, hacerte la víctima, justificarte echarle la culpa a los demás y manipularlos. Aun cuando puedes llegar a conseguir ayuda con estos tipos de comunicación, también **pueden afectar tus relaciones** con otras personas, pues lo que obtienes de ellas es por medio del chantaje y no por la expresión clara y madura de tus necesidades.

4. Reflexión

¿Cuál es tu principal tipo de comunicación?

_____

_____

_____

_____

¿Cómo afecta tu tipo de comunicación tu relación con los demás?

_____

_____

_____

_____

¿Qué puedes hacer para mejorar tu comunicación con los demás y obtener el apoyo que necesitas en cada momento?

_____

_____

_____

_____

Las siguientes son otras preguntas que te puedes hacer para ver **en qué falla** tu comunicación:

❖ ¿Expresas clara y directamente lo que necesitas?
   Sí ____ No ____

❖ ¿Tienes temor de que, si pides ayuda, después tengas que dar y entonces mejor no lo haces?
   Sí ____ No ____

Hay que saber pedir

❖ ¿Te da vergüenza no ser capaz de resolver sola tus necesidades y problemas?
   Sí ____ No ____

También negociar...

❖ ¿Sientes que no mereces o no sabes recibir? Sí ____ No ____

❖ ¿Quieres ser siempre la que da?
   Sí ____ No ____

❖ ¿Crees que la tuya es la única manera correcta de hacer las cosas y, por lo tanto, mejor te encargas tú de hacerlas?
   Sí ____ No ____

Y recibir lo que nos puedan dar

Recuerda

⌾ Si haces tus peticiones de manera asertiva, es más probable que recibas lo que pides, pero no hay seguridad, no te desanimes si no ocurre así. Aunque las personas te digan "sí" o "no" o no puedan darte exactamente lo que les pides, tal vez sí estén dispuestas a ayudarte de otra manera o en otro momento. Quizá tengas que llegar a un acuerdo con ellas. Recuerda: **no sólo hay que saber pedir, sino también saber negociar** y recibir lo que el otro nos puede dar.

5. Saber decir No

Así como otras personas pueden decirte que no por algo que les pidas, de igual manera es importante que sepas decir No a ciertas peticiones en ciertos momentos, sobre todo ahora que vas a tener que **cuidar tu energía para lo esencial**: tú y tu bebé.

Es probable que, para que puedas decir No, primero tengas que reflexionar un poco sobre las siguientes frases. ¿Estás de acuerdo con ellas?

a. Tengo derecho a decir **No**.

b. Es mejor dar una razón cuando se dice No.

c. No necesito hacer una lista de excusas cuando digo No.

d. Mis necesidades son tan importantes como las de los otros.

e. Cuando digo No, no quiere decir que esté rechazando a la otra persona; simplemente significa que no puedo satisfacer sus necesidades en ese momento.

f. Cuidar de mi bebé aun antes de que nazca es más importante que las necesidades de otras personas.

Reflexión

¿Cómo digo No?

_____

_____

¿Qué tipos de razones doy?

_____

_____

Cuando es posible, ¿estoy dispuesta a negociar para conciliar mis necesidades y las de los demás?

_____

_____

¿Cómo me siento cuando digo No?

_____

_____

¿Cómo se siente la otra persona cuando le digo No?

_____

_____

¿Cómo puedo evitar decir Sí cuando lo que de verdad quiero decir es No?

_____

_____

Mi ejemplo de comunicación asertiva

Pasos a seguir:	Mi ejemplo:
❀ ¿Qué necesito ahora o qué voy a necesitar cuando nazca mi bebé?	❀ _____
❀ ¿Quién me puede ayudar?	❀ _____
❀ Imagino que la otra persona no desea o no puede hacer lo que le pido: ¿Cómo me lo dice y cómo se siente?	❀ _____
❀ ¿Qué digo? ¿Negocio o me enojo y me retiro?	❀ _____
❀ Me preparo para llegar a un acuerdo mutuo: ¿Qué puedo decir para llegar a un acuerdo?	❀ _____

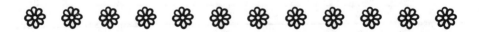

Recordatorio

"No tengo que estar sola; si necesito ayuda me siento bien pidiéndola."

Actividades para esta semana

A partir de los ejercicios anteriores, te sugerimos que hagas una lista de los **cambios que puedes hacer para mejorar tu comunicación** y, por ende, el apoyo que necesitas ahora y el que vas a requerir cuando nazca tu bebé. También comienza a practicar una comunicación más asertiva con los demás y a buscar maneras de vencer los obstáculos que detectaste. Por último, varias veces a la semana intenta expresar más abiertamente tus necesidades a diversas personas.

	L	M	M	J	V	S	D
⮕ Actividades para mejorar mi estado de ánimo							
⮕ Hacer ejercicio físico							
⮕ Elaborar una lista de los cambios que puedo hacer para mejorar mi comunicación							
⮕ Practicar la comunicación asertiva							
⮕ Practicar el decir No cuando sea necesario para cuidar de mí misma							

4 ¿Por qué aparece la depresión en el embarazo y el posparto?

Carmen llevaba varios años casada y quería embarazarse; cuando ocurrió, ella y su esposo estaban muy contentos, pero entonces su prima Raquel sufrió un aborto y Carmen comenzó a sentir mucha ansiedad. Se fue sintiendo cada vez más deprimida, hasta llegar al grado de no hacer nada e irse a vivir a casa de su mamá. Un solo pensamiento rondaba en su cabeza: ¿Y si su bebé también se moría? Carmen recibió apoyo de su familia y de su médico, que la canalizó a un grupo de apoyo en su clínica. En el grupo pudo hablar de los sentimientos que le provocaba el aborto de su prima, y al descubrir que no era la única con temores como estos se sintió muy reconfortada. También habló de que se sentía mal de ahora dedicarse a su propia familia, como si con eso traicionara a sus padres y pudo entender que los arranques agresivos que a veces tenía su esposo, era algo que tenía que hablar con él y no aguantar. Todo esto le ayudó a que se sintiera de nuevo bien y a no creer que estaba "loca".

Gracias a mi familia mi grupo, me siento npañada, reconfortada y sin culpas...

GRUPO DE APOYO

53

1. La maternidad:
una etapa de transformación

Como ya hemos mencionado, el embarazo y el posparto son periodos de muchos cambios, tanto físicos como psicológicos, y poco a poco tendrás que ir asimilándolos y adaptándote a ellos.

La **transformación de hija en madre**, para quien lo será por primera vez, no es repentina pues se va gestando a lo largo del embarazo. En este periodo se presentan diversos cambios que pueden hacerte sentir confusión o aun enojo. Entre otros, tu cuerpo cambia radicalmente: los pechos crecen, el abdomen se abulta y tal vez comiences a tener dificultades para encontrar posiciones cómodas para sentarte y dormir. Los niveles de energía cambian también y hay que modificar la rutina. Así, un día puedes despertar animosa y plena de bienestar, y otro llena de achaques y extremadamente sensible.

El nacimiento del bebé es la culminación del periodo de espera. Una vez que nace, con frecuencia se tiene la fantasía de que la vida será como en los comerciales. Sin embargo, la frustración frente a una realidad distinta, aunada a la culpa que pudieses presentar por no sentirte la madre ideal, puede generarte nuevas tensiones que quizá no estés lista para manejar.

Pero ¿son suficientes estos cambios para que te deprimas? ¿Por qué algunas mujeres se ponen tristes o francamente deprimidas durante el embarazo y al tener a su bebé y para otras todo parece más sencillo? En primer lugar, aunque no todas las mujeres llegan a deprimirse, hay que aclarar que **para nadie es realmente sencillo**. Una manera de explicarlo es que los cambios que surgen en el embarazo y el posparto van produciendo tensiones que, al acumularse, aumentan el riesgo de depresión o tristeza posparto. A estas tensiones se pueden agregar otras, como un embarazo difícil, un parto complicado o un bebé prematuro, así como experiencias y situaciones que producen depresión en la mayoría de las personas, como la pérdida de un ser querido. De ellas hablaremos en este capítulo.

Aunque los sucesos que pueden llevarte a la depresión en el embarazo y en el posparto son similares, en el periodo del **posparto** se corre **mayor riesgo**, puesto que se experimenta un gran cambio hormonal, hay que asumir responsabilidades nuevas –como la atención y los cuidados que debes brindar día y noche a tu bebé– y soportar tensiones tanto físicas como psicológicas. Parece ser que, entre otros factores, lo que hace que el **embarazo** se asocie con **menor depresión** es que se vive como un proceso de preparación en el que muchas veces se hacen a un lado otros pendientes y dificultades. También ayudan el sentimiento de plenitud física que sienten muchas mujeres al estar embarazadas y la ilusión de tener al nuevo bebé, a veces mucho tiempo anhelado. Todo esto produce una agradable sensación de bienestar. Sin embargo, para muchas mujeres puede resultar, por el contrario, un periodo muy difícil, sobre todo cuando no están preparadas para ello o las circunstancias no son las adecuadas.

No importa si tu embarazo es perfecto y sin complicaciones o difícil y con algunos contratiempos, el proceso puede ser un periodo de crecimiento personal. Este libro es una invitación para que aproveches este tiempo a fin de **prepararte** para tu nuevo rol y para los cambios que implica. Así te sentirás más fuerte y segura ante el torbellino que muchas veces trae consigo la maternidad.

2. Factores de riesgo de depresión

Los **factores de riesgo** son las situaciones o vivencias difíciles que predisponen a las personas a padecer depresión. A continuación se presenta un cuadro con los factores de riesgo de depresión en la mujer embarazada y en la madre que recién ha dado a luz. Mientras revisas estos factores, ve marcando en la columna de la derecha aquellos que consideres que presentas.

Cuadro 2: Factores de riesgo de depresión

Factores que aumentan el riesgo de padecer depresión	Durante el embarazo	Durante el posparto	Marca aquí los tuyos
⊕ Dificultades económicas serias	✗	✗	
⊕ Falta de pareja (ser madre soltera)	✗	✗	
⊕ Dificultades con la pareja	✗	✗	
⊕ Embarazo no deseado	✗	✗	
⊕ Embarazo de alto riesgo médico	✗	✗	
⊕ Mala salud	✗	✗	
⊕ Dificultades con la madre y/o el padre tanto en el pasado como en el presente	✗	✗	
⊕ Separación o pérdida de la madre en la infancia	✗	✗	
⊕ Separación o pérdida del padre en la infancia	✗		
⊕ Abuso físico, emocional o sexual alguna vez en la vida	✗	✗	
⊕ Infancia traumática	✗	✗	

⊕ Factores hereditarios (padres o familiares directos con depresión o algún trastorno mental)	✘	✘	
⊕ Depresión, ansiedad o problemas emocionales en el pasado	✘	✘	
⊕ Depresión, ansiedad o problemas emocionales en el embarazo		✘	
⊕ Abuso de alcohol o drogas		✘	
⊕ Sucesos estresantes como la pérdida de una persona importante o cambios repentinos	✘	✘	
⊕ Carencia de apoyo emocional y práctico	✘	✘	
⊕ Aborto o pérdida previa de un bebé		✘	
⊕ Parto difícil o con complicaciones		✘	
⊕ Bebé difícil: bajo de peso, dificultad para amamantarlo, irritable, muy llorón, con algún otro problema		✘	
⊕ Temor de no poder cuidar al bebé adecuadamente		✘	

Ahora vamos a describir algunas de las situaciones que se mencionan en el cuadro. Por su importancia, en **capítulos posteriores** revisaremos con mayor detalle las siguientes situaciones: **las experiencias traumáticas de la infancia, la relación con la madre, la relación con la pareja, los bebés difíciles y el temor de no cuidar bien al bebé.**

Dificultades económicas

No todas las mujeres que tienen carencias económicas padecen depresión. Las más vulnerables son aquellas que no reciben atención prenatal a lo largo del embarazo, que tienen pocas amistades, que no salen mucho de casa, que tienen otros hijos pequeños o que reciben poco apoyo, tanto emocional como práctico. Se ha visto que esta presión aumenta cuando se tienen otros hijos y hay temor de que no haya espacio suficiente cuando nazca el bebé.

A veces, otras fuentes de tensión son tener que convivir con abuelos, suegros y otros parientes en hogares pequeños —si bien es cierto que ellos pueden ser también una gran fuente de apoyo—, o cuando la pareja ya no quiere seguir junta pero no se puede separar por el problema que significaría mantener dos hogares.

No tener pareja

No tener pareja no es en sí la mayor dificultad, sino la soledad y la sobrecarga de tareas que debe enfrentar la mujer que no cuenta con la ayuda de otras personas. Para la nueva madre, también puede resultar difícil manejar los sentimientos de frustración y enojo que tal vez

sienta respecto al padre del bebé y a la actitud de éste ante su hijo. Cuando no hay una relación sólida o formal de pareja, es frecuente que el padre se desentienda, no sólo de la mujer con quien procreó el hijo, sino también de su responsabilidad como padre.

Embarazo no deseado

Como ya hemos mencionado, el embarazo que **no ha sido planeado o deseado** coloca a la mujer en una situación delicada. Es posible que experimente sentimientos de enojo o culpa, difíciles de resolver. La expectativa de que toda mujer es feliz de ser madre lleva a que, al no desearlo, sienta que es una mala persona. Conforme avanza el embarazo o después de que nace el bebé, muchas mujeres van aceptando mejor la situación; el problema es para quienes no logran este cambio.

Estado de salud

Hay diversas manifestaciones físicas que suelen generar tensión adicional en el embarazo. Entre ellas se encuentran tener mala salud, un embarazo de alto riesgo, haberse sometido a largos tratamientos para quedar embarazada o haber tenido complicaciones en un embarazo previo. Estas situaciones se complican cuando la mujer teme no poder cuidar adecuadamente a su bebé como consecuencia de su precario estado de salud o cuando le preocupa la salud del pequeño.

Factores hereditarios

Las personas que tienen familiares en línea directa, padres o abuelos que han sufrido depresión, son más propensas a presentarla. No es que la depresión se herede, pero sí vuelve más vulnerables a las personas en caso de que surjan situaciones estresantes. Otra manera en que afecta tener padres que sufren depresión es que los niños y niñas que viven con ellos aprenden, por así decirlo, a estar deprimidos.

Problemas emocionales, depresión previa o abuso de alcohol o drogas

Se ha visto que un gran número de las mujeres que se deprimen durante el embarazo o el posparto han padecido depresión o ansiedad

en el pasado. Por lo anterior, si has presentado estos síntomas o algún otro problema emocional con anterioridad, corres mayor riesgo de padecer depresión durante el embarazo o el posparto. Si éste es tu caso, este libro te será de gran utilidad, pero también es posible que necesites ayuda adicional de un especialista.

Las mujeres que han abusado del alcohol o las drogas también corren un mayor riesgo de sufrir depresión durante el embarazo y el posparto. Si éste es tu caso, aun cuando hayas decidido dejar de tomar o drogarte durante el embarazo, es muy importante que recibas ayuda profesional especializada para que no reincidas en el uso de estas sustancias una vez que des a luz.

Sucesos estresantes

Ya se ha mencionado que la **muerte** de seres queridos o la pérdida de ellos por otras causas conduce casi siempre a un periodo de duelo; si éste no se supera pasado un tiempo, puede convertirse en depresión. De la misma

DÍAZ & ASOCIADOS

Asesoría legal
Juicios
Familiares
Penales
-Divorcios-

manera, las **dificultades persistentes** —sean económicas o con los hijos, la pareja o la familia— provocan muchas veces en las mujeres un sentimiento de estar atrapadas y no poder salir adelante, lo que a su vez causa angustia y depresión. La **separación** y el **divorcio** también producen un sufrimiento considerable, enojo y depresión que son difíciles de resolver, sobre todo cuando van acompañados de sentimientos de humillación.

Parto difícil o con complicaciones

Los partos difíciles, prolongados o complicados producen mucha tensión, sufrimiento y desgaste físico y emocional, que dejan a la madre en un estado de gran vulnerabilidad. El riesgo de que estas situaciones terminen en depresión aumenta cuando la mujer ha tenido malas experiencias en

partos anteriores. Lo mismo ocurre cuando hay complicaciones inesperadas en el parto que someten a la mujer a un alto nivel de estrés. El riesgo disminuye cuando se reciben atención y cuidados adecuados y constantes.

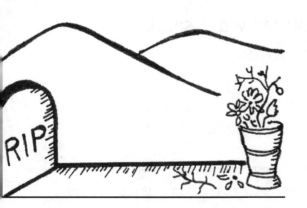

Aborto o nacimiento de un bebé muerto

Se sabe que en nuestro país un altísimo número de mujeres ha sufrido algún aborto, ya sea espontáneo o provocado. Ante un aborto voluntario es difícil que una mujer no sienta cierta tristeza o culpa. Debido a que terminar voluntariamente con un embarazo es una situación muy mal vista y condenada en nuestra sociedad, **pocas mujeres encuentran la manera de hablar de ella y resolver estos sentimientos**. Tanto el aborto —espontáneo o voluntario— como la experiencia previa del nacimiento de un bebé muerto o que muere al poco tiempo de nacido, son situaciones de pérdida que casi siempre producen depresión. Estamos hablando de experiencias que tienen que manejarse con seriedad, mas no con culpa, en cuanto a identificar, dar salida y resolver los sentimientos que generan.

Hasta aquí hemos revisado algunas de las situaciones que pueden anteceder a una depresión durante el embarazo y después del parto. En este punto conviene recordar que tener un bebé implica muchos aspectos maravillosos y no sólo dificultades. Recuerda que tú formas parte del milagro de la vida que llevas en tu vientre —la de un hermoso bebé— y que eres la madre que ese bebé quiere y necesita. A pesar de todas las dificultades que enfrentes, cuando lo tengas en brazos experimentarás sentimientos que te aportarán una enorme riqueza interior. **Reconocer los riesgos** de este periodo tiene la ventaja de **animarte a buscar la ayuda y el apoyo que necesitas**. El objetivo de este libro es que adquieras herramientas que te permitan aprovechar de la mejor manera un momento tan especial y complejo de la vida, como es la llegada de un bebé.

3. Ejercicio: Cómo explorar y dar salida a los sentimientos que producen las situaciones anteriores

Para qué sirve este ejercicio

Los ejercicios que presentamos a continuación tienen como finalidad sugerirte maneras en las que puedes trabajar algunas de las

situaciones que se han revisado en este capítulo. No todas están incluidas ya que, como se aclaró antes, algunas de ellas se revisan con más detalle en los capítulos siguientes. Algunas sugerencias ya se han hecho con anterioridad, como cuidar tu estado de ánimo y tu salud física, mejorar tu autoestima y aprender a relajarte.

Cómo hacerlo

Revisa el cuadro 3 para que determines con qué problema quieres trabajar y sepas lo que puedes hacer ante cada una de estas situaciones. Al terminar el cuadro encontrarás dos ejemplos que te servirán para que te des una idea de cómo realizar el trabajo que se te sugiere.

Cuadro 3: Sugerencias de trabajo para los factores de riesgo de depresión

Situación	Sugerencia de trabajo
➔ Dificultades económicas	✔ Buscar apoyo familiar ✔ Enumerar tus gastos e identificar prioridades ✔ Buscar alternativas de apoyo en programas gubernamentales
➔ Embarazo no deseado	✔ Explorar tus sentimientos ✔ Deshacerte de la culpa ✔ Aceptar la situación ✔ Mejorar tu autoestima
Situación	Sugerencia de trabajo
➔ Falta de pareja (ser madre soltera)	✔ Aceptar la situación ✔ Buscar apoyo de otras personas ✔ Dar salida a los sentimientos negativos hacia el padre del bebé, si los tienes ✔ Llegar a acuerdos con el padre del bebé respecto a una pensión y a visitas ✔ Mejorar autoestima

➔ Estado de salud	✔ Buscar asistencia médica ✔ Practicar ejercicios de relajación ✔ Cuidar tu estado de ánimo y salud física
➔ Aborto	✔ Explorar y dar salida a tus sentimientos, y ser compasiva contigo misma ✔ Buscar algo positivo que hacer en memoria del bebé que se abortó ✔ Escribir y repetir la frase "Te doy un lugar en mi corazón, y en tu memoria voy a _____"
➔ Problemas emocionales, depresión previa o abuso de alcohol o drogas	✔ Recibir tratamiento adicional de acuerdo con tus necesidades
➔ Situación difícil durante los últimos seis meses	✔ Dar salida a tus sentimientos ✔ Buscar apoyo de otras personas ✔ Practicar ejercicios de relajación ✔ Mejorar tu autoestima
➔ Dificultades durante el embarazo, parto difícil o con complicaciones	✔ Buscar apoyo de otras personas ✔ Practicar ejercicios de relajación

Ejemplo 1

En una hoja escribe cuál de estos problemas quieres aprender a enfrentar de una forma diferente para sentirte mejor. A continuación te ponemos el ejemplo de cómo una mujer –Verónica- hizo el ejercicio con el problema que escogió: **Embarazo no deseado**. Léelo con cuidado y después trata de seguir el ejemplo con tu problema particular.

1. Explorar tus sentimientos

Escribe qué sentimientos tienes hacia esa situación.

> **Verónica:** Me siento enojada, desesperada, siento que no quiero tener al bebé y a la vez me siento culpable por tener estos sentimientos. Estoy angustiada porque siento que no es un buen momento y no sé cómo lo voy a enfrentar. Me siento culpable por no haberme cuidado.

2. Aceptar la situación

❖ a. Déjate sentir estos sentimientos… Para hacerlo puedes seguir leyendo lo que escribiste… Mientras ve repitiendo: esto es lo que siento y tengo derecho a sentirlo… Observa tu respiración y trata de no cortarla mientras lees, sino que siga siendo fluida y profunda.

> **Verónica:** Sí, estoy enojada y una parte de mí no quiere tener este bebé, pero voy a tenerlo aunque no lo quiera, porque otra solución no me dejaría tranquila. Me haría sentir peor… Lo que rechazo son los cambios que vendrán como consecuencia de este embarazo, pero al bebé como persona no lo rechazo. No tengo nada en especial contra él. Esto es lo que siento y tengo derecho a sentirlo…

❖ b. Escribe después cómo quieres sentirte una vez que te has dado la oportunidad de revivir esos sentimientos dolorosos.

> **Verónica:** Acepto que me siento muy mal, pero quiero sentirme tranquila. Quiero aprender a adaptarme poco a poco a los cambios que vienen y encontrar soluciones a los problemas que ahora veo. Si ya he decidido tener este bebé, cuando llegue quiero aprender a amarlo. No quiero sentirme culpable por no estar feliz con este embarazo, pues estoy consciente de que no rechazo al bebé en su persona, sino los cambios y situaciones que su nacimiento representa para mí.

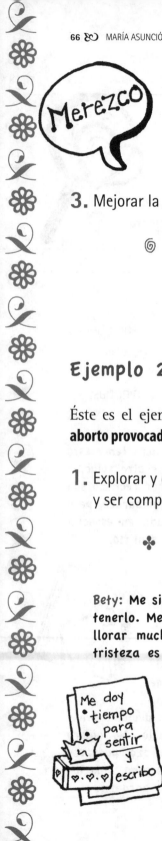

❧ c. Repítete que mereces sentirte mejor

Verónica: Merezco estar tranquila y merezco lograr aceptar este bebé y recibirlo con amor. Trataré de cuidarme lo mejor posible y de quererme.

3. Mejorar la autoestima

@ En el capítulo 6 encontrarás un ejercicio muy útil para este propósito. En él se habla de la forma en que puedes valorar tus cualidades y a aprender a aceptar tus defectos.

Ejemplo 2

Éste es el ejemplo de otra mujer –Bety– que escogió el problema **aborto provocado**.

1. Explorar y dar salida a tus sentimientos y ser compasiva contigo misma

❧ a. Escribe qué sentimientos tienes hacia esa situación

Bety: Me siento con culpa, aunque sé que hubiera sido muy difícil tenerlo. Me siento mal, me siento muy triste. A veces me da por llorar mucho cuando pienso en eso. Mucha tristeza, sí, mucha tristeza es lo que siento.

❧ b. Date tiempo para llorar todo lo que necesites.

❧ c. Escribe después cómo quieres sentirte una vez que te has dado la oportunidad de revivir esos sentimientos dolorosos.

Bety: Acepto que me siento muy mal, que probablemente no fue lo mejor y lo lamento, pero quiero sentirme bien y salir adelante para hacer de mi vida algo bueno y así honrar la memoria de este bebé. No me puedo seguir castigando por esto toda la vida. Hacerlo no me llevaría a nada.

♣ d. Ahora piensa en el bebé que no pudo nacer. ¿Era niño o niña? ¿Cómo se iba a llamar?

2. Busca algo positivo que hacer en memoria de ese bebé

Escribe dirigiéndote a él o ella:

Bety: Lo lamento (<u>nombre de tu bebé</u>), voy a buscar algo bueno que hacer en tu memoria querido bebé (sembrar una planta, comprar un angelito o cualquier otra cosa que te permita saber que este bebé tiene un lugar en tu corazón y que tu vida misma quiere honrarlo).

3. Escribe y repite

Bety: Bebé, te doy un lugar en mi corazón. (<u>nombre del bebé</u>), te doy un lugar en mi corazón.

Bety: Bebé, te doy un lugar en mi corazón (<u>nombre del bebé</u>), te doy un lugar en mi corazón y en tu memoria voy a...

Repítete que mereces estar en paz y que vas a hacer algo bueno con tu vida, comenzando por aprender a cuidarte para que no vuelvas a vivir una situación como ésta.

Ahora es tu turno

1. El problema que yo quiero trabajar es:

_____
_____
_____
_____
_____
_____
_____
_____

2. Esta situación me hace sentir:

_____
_____
_____
_____
_____
_____
_____

3. Ahora, mientras relees lo que escribiste, repítete: "Esto es lo que siento y tengo derecho a sentirlo", "esto es lo que siento y tengo derecho a sentirlo". Recuerda respirar de manera fluida y profunda.

"Siento _____

_____

_____

y tengo derecho a sentirlo."

4. Si al darte permiso de sentir lo que estás sintiendo crees que necesitas agregar algo a lo que escribiste antes, escríbelo en este espacio:

_____

_____

_____

_____

_____

_____

5. Ahora, escribe cómo quieres sentirte una vez que te has dado la oportunidad de revivir estos sentimientos dolorosos o conflictivos:

Me quiero sentir _____

_____

_____

_____

_____

_____

_____

6. Repítete que mereces sentirte de esta mejor manera.

Merezco sentirme bien, valiosa, respetable, _____

_____

_____

_____

_____

Recordatorio

Puedes elaborar tu propio recordatorio con las frases que practiques de acuerdo con el problema que hayas trabajado. Si no tienes alguna frase en especial, puedes practicar la siguiente.

"Acepto mis sentimientos de dolor, culpa, tristeza y verguenza, los reconozco y los dejo atrás."

Actividades para esta semana

Como actividad en casa, sigue trabajando con la situación que escogiste hasta que logres sentirte en paz; o bien, trabaja con otras situaciones que consideres problemáticas para ti.

En la página siguiente, marca con una palomita las actividades que te propones hacer a lo largo de esta semana. Puedes volver a marcar algunas de las que ya marcaste la semana pasada, pero presta especial atención en las actividades nuevas que te proponemos. Antes de pasar al siguiente capítulo, revisa el cuadro y marca con una cruz las que cumpliste.

	L	M	M	J	V	S	D
• Actividades para mejorar mi estado de ánimo							
• Hacer ejercicio físico							
• Hacer ejercicios de relajación							
• Practicar la comunicación asertiva							
• Pensar en mis necesidades y comunicarlas							
• Hacer los ejercicios sugeridos en este capítulo							

5
Experiencias de la infancia

La mamá de **Verónica** falleció cuando ella tenía 16 años. Al principio fue muy doloroso para ella, pero ahora, después de 10 años, raras veces la echaba de menos. Quizá eso influyó en que cuando por primera vez que cargó a su bebé, sintiera que la invadía una oleada de tristeza y un llanto incontenible, y volvió a pensar en su mamá. Esta tristeza no pasó, sino que con el tiempo se fue acrecentando y comenzó a sentirse cada día más incapaz de cuidar a su bebé. Esto la hizo sentir muy culpable pues sentía que estaba fallando en lo que ahora era más importante.

1. Experiencias de la niñez y su relación con la depresión[5]

¿Cómo recuerdas tu infancia y adolescencia? ¿En qué medida guardas desde entonces sentimientos de tristeza, dolor o coraje? ¿Qué tan presentes tienes los momentos de felicidad? ¿En qué medida crees que todos estos sentimientos influirán en ti como mamá?

_____

_____

_____

_____

_____

_____

Como vimos en el capítulo anterior, la mayoría de las personas adultas que manifiestan depresión vivieron en la infancia experiencias que las hicieron propensas a ella. Algunas de estas situaciones son claramente traumáticas como el **abandono o la muerte de uno de los padres** (o de un familiar muy querido), o **la separación de ellos como pareja**. Sin embargo, hay otras experiencias que pudieron haber ocurrido sin que una persona esté plenamente consciente de haber sido lastimada, como en los casos de **indiferencia, rechazo y falta de amor**. Estas experiencias de la niñez provocan que una persona se sienta poco valiosa, poco digna de afecto, pesimista y con poca confianza en su capacidad para superar los problemas.

Al nacer, los bebés no saben quiénes son ni cómo es el mundo que les rodea. Esto lo van aprendiendo poco a poco a través de las relaciones cotidianas con la familia y las personas encargadas de su cuidado, pero, sobre todo, con sus papás. Para crecer con confianza en sí mismos, las niñas y los niños necesitan que los cuidados que reciben y les ayudan a sobrevivir sean brindados con cariño. Necesitan sentir que son bienvenidos en la familia y queridos como niños, y que las personas que las rodean les dedican con gusto su tiempo y atención.

Hay muchas razones por las que los pequeños no reciben los cuidados adecuados. En primer lugar, porque sus padres no son perfectos (pues nadie lo es) y porque ellos, a su vez, tuvieron unos padres que tampoco eran perfectos. En ocasiones, lo anterior provoca que los adultos no conozcan otra forma de relacionarse y que traten a sus hijos como los trataron a ellos, es decir, con reproches, insultos y agresiones constantes. Otras veces, las niñas y los niños son **maltratados** porque los adultos sacan así sus conflictos y frustraciones.

Cuando se pide a los pequeños que realicen **tareas que no van de acuerdo con su edad** —como cuidar a un hermanito bebé—, se daña su autoestima, ya que por su corta edad sólo pueden cumplir parcialmente, o a un muy alto costo, con estas responsabilidades. Los **pleitos** constantes entre los padres, la **enfermedad** de alguno de ellos o un **divorcio** mal manejado son otros factores que pueden hacer que los pequeños se sientan culpables, temerosos o resentidos, y que tiendan a deprimirse en la infancia o en la edad adulta.

¡Otra vez lo echaste a perder! Nunca haces nada bien, eres una tonta.

Entre las experiencias más dolorosas y de más graves consecuencias que puede vivir una niña o un niño, se encuentran **la violencia familiar y el abuso sexual**. Estas dos situaciones dejan heridas profundas y requieren un tratamiento especial para evitar daños permanentes. En el caso del abuso, es frecuente que una niña se sienta responsable de lo que le ha sucedido. No obstante, hay que señalar que **ninguna niña es responsable** (ni podrá serlo nunca) **de haber sido abusada sexualmente**, ni siquiera en el caso de que no le hubiera parecido desagradable una parte o un momento de la experiencia. A veces, las niñas y las adolescentes creen que habrían podido evitar el abuso o defenderse, lo cual las hace sentir vergüenza, enojo y culpa. Hay que recordar que, cuando se es niña, en realidad no se tiene la capacidad ni la fuerza para poner límites en una situación así. Una niña que haya sido abusada sexualmente puede haber crecido sintiéndose sola y con miedo, impotencia y resentimiento hacia el abusador. También puede haber crecido con coraje hacia sus padres por no haber evitado lo ocurrido.

Con frecuencia, una mujer que ha sufrido una experiencia así vive sin contárselo a nadie. A veces también se da el caso de que, si llega a contarlo, los demás no le crean o la tilden de mentirosa. El resultado es que, a lo largo del tiempo, además de depresión, la persona siente que vale poco, cree que ya nadie la podrá querer y surgen en ella resentimiento y desconfianza hacia los hombres.

Aun cuando hayan ocurrido hace mucho tiempo y parezca que ya no importan, si viviste de niña o joven alguna de estas experiencias dolorosas, para poder dejarlas atrás es necesario que pases por un proceso de reconocimiento y expresión de tus sentimientos, y también de consuelo. Hacerlo en este momento puede ayudarte a prevenir que los sentimientos afloren durante tu embarazo o al nacer tu bebé.

Al revisar tu niñez, ten presente que, en general, **las mamás y los papás tratan de hacer las cosas lo mejor que pueden en la medida de sus conocimientos y posibilidades.** Para esto parten de la base de lo que ellos mismos vivieron en su infancia y de la manera que consideran correcta para expresar el amor que tienen a sus hijos. La mayoría de los padres no daña a propósito a sus hijos, sino que simplemente repite de modo inconsciente lo que le tocó vivir en la infancia. Como futura mamá, tener esto presente te ayudará a comprender a tus padres y a ser también más comprensiva con tu bebé ahora que tú misma serás madre.

2. Ejercicio: Duelos y frustraciones de la infancia. Visualización guiada

¿Para qué sirve este ejercicio?

> No es bueno cargar tanto a los bebés

> Entiendo que a ella la educaron así, pero yo sé que para mi bebé es bueno

Es posible que revisar cómo fue tu niñez te haya hecho recordar alguna situación difícil que hayas vivido. Este ejercicio combina la **relajación**, que ya has estado practicando, con otro ejercicio de **imaginación guiada** para que puedas comenzar a dar salida a los sentimientos dolorosos que tengas guardados y puedas seguir adelante sin cargarlos el resto de tu vida.

Cómo hacerlo

Antes de comenzar, piensa en una situación que te gustaría trabajar; por ejemplo, "Mis papás no me hacían caso", "Me pegaban", "Mis papás se peleaban siempre", "Mi papá llegaba borracho", "Fui abusada sexualmente" o "Mi mamá murió cuando yo era niña."

Primera parte

Inicia practicando la primera parte del **ejercicio de relajación del capítulo 2**. Una vez que la termines, continúa con el ejercicio de la siguiente página.

Segunda parte

Imagina que vas caminando por un pasillo... Al final hay una puerta... Detrás de la puerta está la situación que quieres trabajar. Acércate a la puerta, ábrela lentamente... y mira desde afuera el problema que padeciste. Respira profundamente, trata de ver la escena lo más claramente posible... Recuerda dónde estabas, cómo te veías entonces y si había otras personas.

Ahora imagina que junto a la niña o adolescente que sufre hay alguien que la toma de la mano y la hace sentir acompañada. Aunque es probable que nadie haya estado a tu lado en tu infancia, ahora sí puede suceder. **Esa persona que acompaña a la niña o adolescente puedes ser tú misma** ahora como adulta o puede ser alguna persona que conoces. También puede ser alguien inventado por ti para brindarte apoyo y reconfortarte. Permanece un rato sin decir nada... sólo permite que la niña o adolescente observe la situación y los sentimientos que le provoca en compañía de un adulto afectuoso y comprensivo... Ahora puedes platicarle qué fue lo que te pasó, cómo ocurrió y quién o qué te hirió. También puedes contarle si sientes enojo, miedo, angustia, tristeza o cualquier otro sentimiento.

Después de un rato, imagínate a la figura adulta que te está acompañando diciéndole a esa niñita o adolescente: "Te entiendo, comprendo tu dolor, pero ahora ya no estás sola, pues yo estoy contigo". Si la niña o adolescente está enojada, dile: "Acepto tu enojo". Si está triste, dile: "Acepto tu tristeza". Hay que **repetir estas frases varias veces, tantas como creas necesario**, hasta lograr que la niña o adolescente sienta que ha podido expresar sus sentimientos y que ha sido comprendida.

Según sea el caso, la figura adulta repite: "Tú no eres culpable, ninguna niña es culpable ni merece malos tratos". "Si hiciste algo malo, debiste ser reprendida sin violencia". También: "Tú no eres responsable", "Los adultos son los responsables", "Merecías ser querida como tú necesitabas", "Probablemente tus padres, aun cuando te querían, te lastimaron profundamente", **"Mereces ser querida y puedes dejar esos sentimientos dolorosos atrás."** Si estas frases no te parecen las apropiadas, construye tú unas que te hagan sentir mejor.

> Muchas veces, los papás lastiman a sus hijos como una reacción inconsciente a problemas que tuvieron con sus propios padres y que se quedaron pendientes de resolver. Hay que repetir estas frases muchas veces y, si quieres, visualízate a ti misma (o a la figura adulta) abrazando a la niña o adolescente que también eres tú. Repítete: "Puedo dejar ese dolor atrás."

🍒 **Déjate sentir durante un rato el cariño de esa persona.**

🍒 **Respira profundamente y abre lentamente los ojos.**

Compartir los sentimientos en un grupo o con alguna persona

Si practicas este ejercicio en un grupo, para terminar puedes hablar con tus compañeras de los sentimientos que te provocó la experiencia. Si cuentas con alguien a quien le tengas mucha confianza, **compartir tus sentimientos** con esta persona también puede ayudarte en este proceso de dejarlos atrás. Cuando se platican las cosas, es común que se vaya reduciendo el sentimiento de dolor.

3. Ejercicio: Duelos y frustraciones de la infancia. Papelitos

Para qué sirve

Este ejercicio también te servirá para **dejar atrás** los duelos y frustraciones del pasado. Puedes hacerlo en lugar del anterior o además de él.

Cómo hacerlo

❖ Medita un poco sobre los sentimientos dolorosos de tu pasado que desees apartar de tu vida.

❖ Corta en cuatro partes una o varias hojas de papel.

❖ Escribe en un papelito distinto cada uno de los sentimientos y situaciones que desees dejar atrás.

❖ Dóblalos y concéntrate en tu decisión de ya no querer que esos sentimientos te sigan afectando. Tómate tu tiempo.

❖ Cuando lo tengas claro, ve rompiendo cada papelito a la vez que te repites: "Deseo que _____ (este dolor o situación) quede atrás en mi vida. Soy una persona que merece ser querida y recibir amor."

4. Repetición de patrones de la infancia

Ya hemos explicado que las experiencias dolorosas de la infancia pueden ser como una **herida que puede desencadenar una depresión cuando surgen nuevas situaciones de frustración, dificultad o rechazo.** Como el embarazo y el posparto implican muchos ajustes hormonales y psicológicos, así como cambios en tu vida diaria, son justamente el tipo de situaciones que pueden propiciar que se abran heridas. Esta situación puede interferir en tu desempeño como mamá.

Las situaciones infantiles dolorosas que no se han trabajado dejan dormidos una serie de sentimientos que pueden resurgir ante situaciones similares en la edad adulta. Es así como evocamos lo que se suele llamar **"fantasmas" internos dolorosos.** Estos fantasmas pueden ser un **obstáculo para una buena relación con tu bebé**, pues tienen muchas formas de volverte "ciega" a sus necesidades. En estos casos, por estar atenta a lo que despierta en ti misma la conducta de tu bebé, puedes olvidar tomar en cuenta lo que le pasa o necesita.

La llegada de tu bebé puede despertar en ti sentimientos y recuerdos que llamaremos fantasmas amigables y fantasmas dolorosos que influirán en la manera en que lo cuides. Los primeros te ayudarán a reaccionar de manera positiva. En cambio, los fantasmas dolorosos son sentimientos y recuerdos dañinos que pueden afectar negativamente tus relaciones con tu familia, con tus amigos y, sobre todo, con tu bebé. Por ejemplo, una niña que creció viendo pelear a sus padres pudo haber sentido culpa al pensar: "Si yo fuera una niña más buena, quizá ellos no pelearían tanto". Asimismo, si la niña trataba de consolar a su mamá cuando ésta se quedaba llorando después de las peleas y lo único que recibía de ella era un grito de "¡Déjame sola, tú no puedes ayudar!", seguramente la niña creció asociando el llanto con el rechazo.

Si la niña creció con estos fantasmas en su interior, al convertirse ella misma en madre, podrá sentir que el llanto de su bebé es señal de que la está rechazando. Este fantasma doloroso interferirá con la manera como interpreta el llanto de su bebé, por lo que en lugar de pensar: "Llora porque tiene hambre" o "Debe de estar incómodo porque su pañal está sucio", pensará que llora para alejarla. En un caso así, la nueva mamá necesitaría **ubicar y reconocer entonces los fantasmas que interfieren en la relación con su bebé**.

"Llora porque tiene hambre"

"Llora porque no sirvo como mamá"

¡BUAA!

Del mismo modo, si cuando lloraba de niña su llanto se consideraba como señal de mal comportamiento o cuando se ensuciaba se tomaba como falta de disciplina, pronto esa mujer comenzará a interpretar del mismo modo la conducta de su bebé y se molestará cuando éste llore o se ensucie. Si recibió poco de sus padres y siente que siempre le hicieron muchas demandas, cuando su bebé pida alimento o necesite que lo cambien o carguen, se sentirá enojada y con poca disposición de hacerlo, pues todo ello le evocará aquellos momentos de demandas excesivas.

Por el contrario, un **fantasma amigable** podrá presentarse cuando una niña haya crecido en un ambiente donde recibía los cuidados que necesitaba y se le brindaba consuelo cuando lloraba. En este caso, cuando la niña se convierta en mujer y mamá, automáticamente interpretará el llanto de su bebé como una invitación para cargarlo y consolarlo.

Ejercicio: Los fantasmas dolorosos de mi pasado[6]

Para qué sirve

Este ejercicio te servirá para darte cuenta de la manera en que las experiencias dolorosas del pasado pueden estar apareciendo en tu vida actual e intentar evitar que el problema siga presentándose.

Cómo hacerlo

A continuación se te presentan varias oraciones para que las completes. Para que te sea más fácil saber qué se te pide, primero presentamos un ejemplo.

El fantasma doloroso de mi pasado se llama: **El resentimiento que tengo hacia mi mamá.**

Este fantasma me lleva a que: **No quiere que yo disfrute de mi embarazo ni de mi maternidad.**

El fantasma me hace sentir: **Dolida y traicionada.**

¿Qué puedo hacer ante ello?

Decirme: "No necesito este fantasma en mi vida". "Ya no quiero andar cargando sentimientos negativos." "Puedo disfrutar de mi embarazo y de ser mamá." "Puedo tomar lo bueno de mi mamá." "Voy a liberarme de este fantasma así: **Mostrándole que puedo amar sin lastimar a otros o lastimarme.**"

Ahora, completa las siguientes oraciones

🌀 El fantasma de mi pasado se llama:

_____

_____

_____

_____

🌀 Este fantasma ha regresado porque:

_____

_____

_____

_____

🌀 Este fantasma me hace sentir:

_____

_____

_____

_____

¿Qué puedo hacer ante ello?

🌀 Decirme: "No necesito este fantasma en mi vida. Ya no quiero andar cargando sentimientos negativos. Voy a liberarme de este fantasma así:

_____

_____

_____

_____

_____

_____

Ejercicio: Duelos y frustraciones de la infancia. Cartas de enojo[7]

Para qué sirve

Intentar dejar atrás los sentimientos provocados por una infancia difícil puede ser un **largo proceso**, pues muchas veces llevamos guardados sentimientos de tristeza, miedo o enojo que no hemos podido sacar en muchos años. Para salir adelante es importante buscar la manera de expresarlos a la persona que los causó. Esto se lleva a cabo **escribiéndolos** en forma de carta (cabe señalar que éste es un ejercicio personal, **la carta no debe de entregarse**, sobre todo si la escribimos como una forma de desahogo y sin pensar en lo que producirá en la persona a la que esta dirigida).

Cómo hacerlo

Primero piensa en una persona hacia la que sientas un gran enojo o resentimiento y a la que desees escribirle una carta para expresarle estos sentimientos.

⊚ Inicia la carta como harías con cualquier carta, es decir, dirigiéndote a él o ella por su nombre (o poniendo mamá, papá o el nombre de otro familiar). A continuación trata de explicarle qué pasó y por qué tienes esos sentimientos.

⊚ Es importante que digas qué te molestó y cómo te sentiste y te sientes a raíz de lo ocurrido. Repítelo las veces que necesites, hasta que esos sentimientos vayan perdiendo intensidad y dejen de perturbarte o te perturben menos.

- ◉ Recuerda, estas cartas **nunca se mandan**. Su única función es ayudarte a entender qué pasó para que puedas dejarlo atrás. Por tanto, debes tener cuidado de que no las encuentre ni las lea la persona a la que las dirigiste.

- ◉ Lee varias veces lo que has escrito sintiendo lo que has dicho.

- ◉ Una vez que termines de escribirla y de que la hayas leído varias veces, **rómpela o quémala** como símbolo de que dejas atrás esos sentimientos. Lo anterior tienes que hacerlo lentamente y con la plena convicción de dejar el pasado atrás.

- ◉ También puedes escribirle una carta cariñosa a la niña o adolescente que fuiste en el pasado. En ella puedes explicarle que sabes cómo se sintió por lo que ocurrió y que la comprendes y acompañas.

Si te sigues sintiendo deprimida o angustiada después de hacer los dos ejercicios anteriores y los demás que aparecen en este libro, es conveniente que consideres la posibilidad de buscar ayuda profesional.

Recordatorio

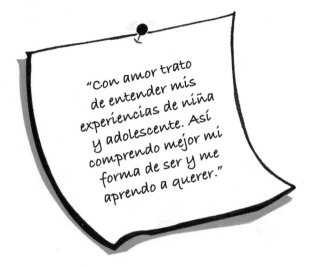

"Con amor trato de entender mis experiencias de niña y adolescente. Así comprendo mejor mi forma de ser y me aprendo a querer."

Actividades para esta semana

Durante esta semana puedes repetir los ejercicios anteriores o puedes intentar hacer este nuevo ejercicio para seguir con el proceso de dejar atrás los sentimientos dolorosos de tu infancia.

	L	M	M	J	V	S	D
• Practicar el ejercicio de relajación							
• Trabajar duelos y frustraciones de la infancia por medio de: Papelitos							
• Pensar en mis fantasmas							
• Escribir cartas de enojo							
• Repasar mis recordatorios							

6

Relación madre-hija y mitos sobre la maternidad

Sandra no tenía muchos recuerdos agradables de su infancia, su papá los había abandonado, y su mamá casi siempre estaba de malhumor e irritable y no tenia paciencia con sus tres hijos. Consciente de lo mucho que esta situación la había hecho sufrir, Sandra se había propuesto ser una madre totalmente diferente a la suya, ella siempre estaría de buen humor y sería muy paciente con sus hijos. Quizá por eso se sentía ahora tan mal consigo misma... Su bebé tenía un mes, y lloraba mucho a causa de padecer reflujo, por lo que Sandra sentía que ya no tenía paciencia. Su idea de lo que era una buena madre se encontraba cada vez más lejana y se aterraba de ver que cada día se parecía más a su mamá.

✿ ¿Cómo te sientes en este momento en la relación con tu mamá?

✿ ¿Podrías pensar en qué tienes que agradecerle?

✿ ¿Sabrías decir qué le reprochas y, por lo tanto, si tienes algún pendiente por resolver?

✿ ¿Qué esperas de ti como mamá?

✿ _____

_____

_____

_____

_____

_____ ✿

1. La relación madre–hija

¿Cómo seré como mamá?
¿Quiero que mi mamá me ay
¿Cómo quiero que me ayude

Ahora que tú misma vas a ser madre, tu niñez adquirirá una renovada importancia. Aun sin proponértelo, buscarás en tu interior lo que aprendiste de tus padres en relación con la maternidad y la paternidad. De modo que, si tu relación con ellos fue mala, si hubo conflictos dolorosos entre ustedes o si simplemente te ignoraron, es probable que las heridas vuelvan a dolerte, sobre todo si fue con tu mamá con quien tuviste dificultades y diferencias graves, o si ella te abandonó física o emocionalmente.

En tu caso, seguramente estás deseando ser una buena madre. Quizá quieras **tratar de no repetir** los errores cometidos por la tuya, de los cuales tal vez hayas ido tomando conciencia a lo largo de este libro. Uno de los caminos para intentar no caer en lo mismo es revisar más a fondo cómo fue la relación con tu madre, quien probablemente intentó hacer las cosas lo mejor que pudo en su momento. Como futura madre, tú puedes **aprender de lo que viviste** para así ser mejor mamá. Al igual que muchas mujeres podrás tomar como modelos de mamá no sólo a la tuya, sino a otras personas de las que recibiste cuidados maternales, aun cuando algunas de ellas no hayan sido mujeres. Un modelo, por ejemplo, puede ser un padre cercano y cariñoso que estuvo pendiente de su hija.

2. La necesidad de la madre de recibir cuidados maternales

Durante el embarazo y la maternidad hay una necesidad real de apoyo, de contar con alguien que te guíe y te dé reconocimiento. La relación que mantienes en el presente con tu madre va a definir lo apoyada que te vas a sentir. Si en este momento es buena tu relación con ella, esto te permitirá sentirte respaldada, a la vez que tu madre estará contenta de ocupar su nuevo rol de abuela.

Pero hay que reconocer que esto no es siempre así. La futura abuela puede no estar preparada para apoyarte o puede ser que ahora se agraven los problemas que pudiesen existir entre tú y ella. También puede ser que tu mamá haya fallecido o que viva en otra ciudad o país. Cualquiera de estas circunstancias puede dejarte en un estado de desamparo que puede constituir un riesgo dado el momento en que te encuentras.

Si no tuviste una buena relación con tu madre en la infancia, aún tienes la opción de tratar de **entender** qué pasó y **dar salida a tus sentimientos,** como vimos en el capítulo anterior. Revisar tus sentimientos te ayudará a tener presente las cosas buenas que hayas recibido de tu madre. Aun cuando no haya habido otra cosa, no debes olvidar que fue ella quien te dio la vida.

Muchas mujeres tratan de resolver los conflictos con sus madres y se esfuerzan por ser diferentes a ellas. Sin embargo, esta manera de comportarse resulta con frecuencia contraproducente, ya que dejan de guiarse por sus necesidades particulares y las de su bebé (como vimos al trabajar los fantasmas de la infancia) y viven en función de hacer lo opuesto a lo que habrían hecho sus propias madres. También se da el caso de que, cuanto más tratan de ser diferentes, más terminan pareciéndose a ellas. Por ello, lo más conveniente es reconciliarse con la madre en el sentido de aceptarla como un ser humano con cualidades y defectos, quien finalmente dio a su hija lo que pudo y como pudo. Ver las cosas así te ayudará también a aceptarte a ti misma, con tus propias cualidades y defectos, y a alejarte de la idea de tratar de ser una madre perfecta.

Si la relación con tu mamá sigue siendo problemática a pesar de haber llevado a cabo los ejercicios de reconciliación de la lección anterior, puedes intentar poner cierta distancia afectiva entre tú y ella y

Sé que hiciste lo mejor que pudiste

buscar apoyo materno en otras personas. Aquí cabe aclarar que, aunque puedas cambiar tú misma, no puedes hacer que otros cambien. Muchas mujeres encuentran un apoyo más real en alguna tía, abuela o en alguna amiga o vecina con experiencia que en la propia madre.

Como el deseo y la necesidad de recibir cuidados maternales son reales, si la madre biológica no los puede satisfacer, hay que buscarlos en otra persona. No debes olvidar que enfrentar sola la llegada de tu bebé tiene un alto riesgo y el costo puede ser la depresión.

¡Qué bueno que cuento con mi amiga Lola y mi tía Lupita!

Ejercicio 1: Las mujeres de la familia

Para qué sirve

El respaldo femenino con que cuentas no proviene sólo de tu **madre**, sino de la línea de mujeres de la que ella a su vez forma parte: tu **abuela** y tu **bisabuela**. Este ejercicio es útil para ponerte en contacto con ellas y "de manera simbólica", pedirles comprensión y aceptación, es decir, para que te vean "con buenos ojos". Este ejercicio te ayudará a comprender la importancia que tienes, como mujer de generar nueva vida.

Cómo hacerlo

El ejercicio es parecido a los otros ejercicios de relajación que has hecho anteriormente.

Nota: A lo largo del ejercicio encontrarás las palabras nieto, bisnieto y tataranieto, si ya conoces el sexo de tu bebé, sustitúyelas mentalmente por nieta, bisnieta y tataranieta, si no lo conoces usa la que más te guste.

Primera parte

Inicia con la primera parte del ejercicio de relajación del capítulo 2. Una vez que la termines, continúa con la segunda parte, que se presenta a continuación.

Segunda parte

Ahora imagínate que estás de pie. Te ves en tu estado actual, embarazada. Detrás de ti imagina a tu mamá, atrás de ella, a tu abuela y más atrás, a tu bisabuela. Si no llegaste a conocer a alguna de ellas, no importa, imagínatela como tú crees que era... Trata de ver la escena lo más claramente posible... Ellas están formadas una detrás de la otra y tú eres la primera de la fila. Ahora imagínate que te das la vuelta y quedas frente a tu mamá... La ves a los ojos... Te quedas así un momento y respiras profundamente... Y le dices: "Mamá te presento a tu nieto. Por favor acéptalo y dale un lugar en tu corazón"... Otra vez: "Mamá te presento a tu nieto. Por favor acéptalo y dale un lugar en tu corazón"... Imagínate ahora que tu mamá responde: "Acepto a mi nieto con amor y le doy un lugar en mi corazón"... (Es posible que, si tienes una muy mala relación con ella, te sea difícil visualizarlo. Imagínate entonces que ella tiene una coraza que le impide expresar lo que su corazón siente realmente. De cualquier modo, trata de pensar que desde su corazón te dice estas palabras.) Imaginas otra vez: "Acepto a mi nieto con amor y le doy un lugar en mi corazón"...

A continuación te paras frente a tu abuela... La ves unos momentos a los ojos y le dices lo mismo: "Abuela te presento a tu bisnieto. Por favor acéptalo y dale un lugar en tu corazón"... Otra vez: "Abuela te presento a tu bisnieto. Por favor acéptalo y dale un lugar en tu corazón"... Y tu abuela responderá: "Acepto a mi bisnieto con amor y le doy un lugar en mi corazón." (Aquí también, si tienes una muy mala relación con ella y te es difícil visualizarlo, imagínate entonces que tiene una coraza que le impide expresar lo que su corazón siente realmente. De nuevo, trata de ver que desde su corazón dice estas palabras.) "Acepto a mi bisnieto con amor y le doy un lugar en mi corazón."

Por último, te paras frente a tu bisabuela... La ves por unos momentos y luego dices: "Bisabuela te presento a tu tataranieto. Por favor acéptalo y dale un lugar en tu corazón"... Otra vez: "Bisabuela te presento a tu tataranieto. Por favor acéptalo y dale un lugar en tu corazón"... Y tu bisabuela responderá: "Acepto a mi tataranieto con amor y le doy un lugar en mi corazón". Otra vez: "Acepto a mi tataranieto con amor y le doy un lugar en mi corazón."

Vuelve ahora a tu lugar al principio de la fila y párate dándoles la espalda. Imagina a las mujeres de tu familia paradas detrás de ti, una detrás de la otra, y tú recargas la espaldas en ellas... Ellas te sostienen y te dan sus bendiciones por tu reciente maternidad. Recárgate y trata de sentir el apoyo y el amor de ellas. Lo femenino te viene de esta línea de mujeres.

> ## Escribe lo que sentiste al hacer este ejercicio
>
> ❀ _____
>
> _____
>
> _____
>
> _____
>
> _____ ❀

3. Mitos sobre la maternidad

La sociedad tiene en general una **visión idealizada** de la maternidad. Esto hace que la ya de por sí difícil tarea de criar a los hijos se convierta en una misión casi imposible, sobre todo si uno se rige por las normas impuestas socialmente. A las mujeres se les dice que sólo teniendo hijos se pueden realizar, por lo que nunca se preguntan si de verdad quieren tenerlos, ni cuántos o cuándo. Además, se les inculca un ideal de ser madre que suele ser poco realista y que está muy condicionado por la publicidad. Según esto, las madres deben ser abnegadas, perfectas y felices. Por lo anterior, las mujeres pueden encontrarse de pronto en una situación que habían imaginado distinta, en la que se ven sobrepasadas por la responsabilidad y, con frecuencia, con muy poco apoyo. Todos estos factores pueden favorecer la depresión; es como si, para ser buenas madres, tuvieran que olvidarse de ellas mismas para estar pendientes exclusivamente de las necesidades de sus familias...

Permanecer mucho tiempo sola con tu bebé y con otros hijos pequeños, no es bueno para ti ni para ninguna mujer. Toda mujer **requiere el apoyo y el contacto** con otros adultos. Por lo mismo, es importante que durante el periodo de posparto te organices para recibir visitas que te acompañen y apoyen, pero no que requieran ser atendidas. Hablaremos a esto más adelante.

Prepararte para una maternidad realista y no idealizada te obliga a **revisar las diferentes creencias** que tienes respecto del rol de la madre, pues la mayoría de las mujeres ha ido recogiendo distintas ideas sobre qué debe hacer o cómo debe ser una buena madre. Puede ser que hayas sido educada con estas ideas, que las hayas tomado de las personas que te rodeaban o que otras te las hayan impuesto. Algunas de las creencias sobre la maternidad no son más que supersticiones populares: "Si una mujer embarazada presencia un eclipse, su hijo nacerá con labio leporino, a menos que se ponga sobre el vientre unas tijeras abiertas." Otras creencias fueron creadas para hacer que las madres se comporten de cierta manera: "Si la madre trabaja fuera de casa, su bebé sufrirá." Otras surgieron para proteger a los bebés de las cosas malas que les han pasado a otros cuando no se han calculado los riesgos: "Nunca debe usarse la andadera ya que el bebé puede caer por una escalera o escalón y tener un accidente mortal."

Ahora, lo importante es averiguar cuáles de estas creencias son verdaderas y útiles, y cuáles son simples mitos que hay que eliminar. Por ejemplo, si tienes que trabajar fuera de casa cuando nazca tu bebé, es importante que sepas que si lo dejas con un adulto responsable y cariñoso, tu bebé no tiene por qué sufrir daños. En cambio, saber que las andaderas son peligrosas si se usan cerca de una escalera, sí es importante.

Ejercicio 2: Mitos sobre la maternidad[8]

A continuación presentamos un cuestionario sobre las creencias que tienen las personas en relación con la maternidad. Es importante que valores con cuidado cada creencia para saber qué piensas tú. Contesta cada afirmación poniendo al inicio de la frase una V si te parece verdadera o una F si la consideras falsa. Después del cuestionario se presentan comentarios sobre las respuestas.

1. Una mamá sabe siempre por qué llora su bebé. `F` `V`
2. Las mamás se sienten frustradas a veces con sus bebés. `F` `V`
3. Es indispensable que sólo las mamás se encarguen de todo lo que necesitan sus bebés. `F` `V`
4. Durante los primeros tres meses de vida los bebés pueden hacer otras cosas aparte de llorar, comer y dormir. `F` `V`
5. Amamantar es la única forma de alimentación que provee al bebé lo que necesita para un desarrollo sano. `F` `V`
6. Durante los tres primeros meses, las mamás deben estar con sus bebés las 24 horas del día. `F` `V`
7. Las mamás tienen que ser perfectas o sus hijos tendrán muchos problemas. `F` `V`
8. Las mamás deben cargar inmediatamente a sus bebés al oírlos llorar, aun cuando ellas estén muy ocupadas (por ejemplo, en el baño). `F` `V`
9. Desde que nacen, los bebés pueden ser muy diferentes y cada uno tiene una personalidad propia. `F` `V`
10. Todas las mamás "aman" automáticamente a sus bebés la primera vez que los miran. `F` `V`
11. Los bebés pueden llorar por muchas razones, no sólo cuando tienen hambre o están mojados. `F` `V`
12. Los bebés tienen la capacidad de reconocer la cara de su mamá inmediatamente. `F` `V`
13. Los bebés hacen lo que sus mamás quieren si ellas están haciendo todo bien. `F` `V`

continúa →

14. Las mamás se preguntan a veces si fue buena idea tener al bebé. `F` `V`

15. No importa cuánto ame una mamá a su bebé, cuidarlo `F` `V`
puede parecerle un trabajo muy pesado.

16. Sentirse triste después de tener un bebé puede ser parte de `F` `V`
un ajuste normal a la maternidad.

17. Si la mamá y el bebé son separados durante las primeras `F` `V`
horas después del nacimiento, el vínculo entre ellos quedará
roto para siempre.

Respuestas

Revisa tus respuestas al cuestionario. Antes de continuar, es importante que reflexiones en ellas: ¿Dónde aprendiste algo así? ¿Quién te
lo enseñó? ¿Por qué crees que existe esta clase de ideas? Si quieres
modificarlas, tienes que saber que las ideas viejas suelen estar tan
arraigadas que tenderán a regresar sin que te des cuenta. Por ello es
bueno que las reconsideres y posteriormente estés atenta a ellas.

Éstos son algunos comentarios
sobre las respuestas

1. **Falso** Una mamá sabe siempre por qué llora su bebé.
El llanto se origina por muchas razones, incluidas
hambre, incomodidad, cólico, sueño, miedo y
necesidad de estar físicamente cerca de la
mamá. Aunque en muchas ocasiones una mamá
sabe qué significa el llanto y cómo calmar
al bebé que llora, hay otras en que no puede
determinar qué es lo que le pasa.

2. **Verdadero** Las mamás se sienten frustradas a veces
con sus bebés.
En ocasiones, todas las mamás llegan a sentirse irritadas
o frustradas con el comportamiento de su bebé. También

pueden sentir que la situación las sobrepasa y que ser mamás las frustra. Es importante aprender formas sanas de manejar estos sentimientos sin negarlos ni desquitarse con el bebé. Si aprendes a cuidar de ti misma y a manejar las tensiones (por ejemplo, relajándote y respirando profundamente), podrás manejar mejor los sentimientos negativos.

3. **Falso** Es indispensable que sólo las mamás se encarguen de todo lo que necesitan sus bebés. Esto es imposible. Las mamás necesitan ayuda y tiempo para ajustarse a su nuevo rol. Además de estos ajustes, también es frecuente que ellas mismas necesiten algunos cuidados maternales.

4. **Verdadero** Durante los primeros tres meses de vida los bebés pueden hacer otras cosas aparte de llorar, comer y dormir.

Los bebés son muy activos en los primeros tres meses de vida; por ejemplo, empiezan a escuchar y a identificar las voces familiares, y descubren quién es su mamá y quién su papá. También siguen objetos con la vista, y comienzan a reír y a desarrollar patrones de conducta y de interacción con los demás.

5. **Falso** Amamantar es la única forma de alimentación que provee al bebé lo que necesita para un desarrollo sano. Amamantar es la forma de alimentación recomendada por varias razones, incluidas la cercanía del bebé con su madre y los beneficios que aporta la leche materna a la salud del recién nacido. Pero no es la única opción. Alimentar a tu bebé con una botella de leche materna o de fórmula también puede ser nutritivo y saludable para él, sin que esto impida

que se establezca una buena relación entre madre e hijo. No debes sentirte culpable por elegir la alimentación con botella, pero debes pensarlo muy bien y discutirlo con el médico.

6. **Falso** Los tres primeros meses las mamás deben estar con su bebé las 24 horas del día.
Pasar las 24 horas del día con cualquier persona durante un periodo largo puede ser una experiencia agotadora. Las mamás también necesitan un descanso. Está bien que dejes a tu bebé con un adulto confiable mientras tú haces cosas como ir a la tienda o salir a caminar.

7. **Falso** Las mamás tienen que ser perfectas o sus hijos tendrán muchos problemas.

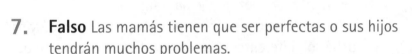

Nadie es perfecto y no se puede exigir a una mamá que lo sea. Todos cometemos errores. Por lo mismo, los niños también tienen problemas y tampoco pueden ser perfectos. Lo más importante es reconocer los errores para corregirlos en la medida de lo posible.

8. **Falso** Las mamás deben cargar inmediatamente a sus bebés al oírlos llorar, aun cuando ellas estén muy ocupadas (por ejemplo, en el baño).

Una buena regla es tratar de responder siempre a la señal del llanto de tu bebé durante los primeros 15 segundos. Esto puede ser cargándolo o bien hablándole. Sin embargo, no siempre podrá ser así. Si estás a la mitad de hacer algo, como usar el baño o bañarte, puedes dejarlo llorar ocasionalmente, siempre y cuando esté en un lugar seguro como su cuna. Con el tiempo aprenderás a distinguir entre el llanto que necesita respuesta inmediata y el que puede esperar un poco.

9. **Verdadero** Desde que nacen, los bebés pueden ser muy diferentes y cada uno tiene una personalidad propia.
Cada bebé nace con un conjunto único de cualidades y rasgos de personalidad. No hay dos que sean iguales, ni siquiera cuando nacen en la misma familia.

10. **Falso** Todas las mamás "aman" automáticamente a sus bebés la primera vez que los miran.
Todas las relaciones son un proceso, y cada mamá y su bebé son diferentes. Algunas madres se enamoran de su bebé durante el embarazo, otras en el nacimiento y a otras más les toma varias semanas o meses. Todas estas experiencias son normales.

11. **Verdadero** Los bebés pueden llorar por muchas razones, no sólo cuando tienen hambre o están mojados.
Los bebés lloran por muchas razones: por necesitar simplemente estar cerca de la madre, por tener miedo o hambre, por estar incómodos o haber mojado su pañal, por estar cansados o porque algo les duele. Conforme vayas conociendo a tu bebé, podrás irte dando cuenta de que los llantos tienen un sonido distinto y significan cosas diferentes, pero toma tiempo aprender a reconocerlos.

12. Falso Los bebés tienen la capacidad de reconocer la cara de su mamá inmediatamente.

Los bebés comienzan a reconocer a su mamá conforme se desarrollan y maduran sus sentidos. Al poco tiempo de nacidos, muchos bebés reconocen el olor de su madre, especialmente de su leche, así como su voz. Asimismo, conforme su visión se aclara, aprenden a identificar su cara.

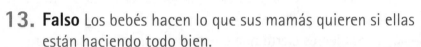

13. Falso Los bebés hacen lo que sus mamás quieren si ellas están haciendo todo bien.

En primer lugar, ninguna mamá puede hacer todo bien, sin importar cuánto lo intente. En segundo lugar, al margen de la edad que tenga, ningún bebé coopera todo el tiempo. Las madres y sus bebés aprenden constantemente uno de otro. Y, como en muchas situaciones de la vida, hay días difíciles y días fáciles.

14. Verdadero Las mamás se preguntan a veces si fue buena idea tener al bebé.

Muchas madres admiten haber dudado de la decisión de tener a su bebé. Esto es normal dada la cantidad de cambios vividos y los nuevos ajustes requeridos. Pero si sientes que esta duda te sobrepasa o que interfiere con el cuidado de ti misma o de tu bebé, debes hablar con alguien al respecto.

15. Verdadero No importa cuánto ame una mamá a su bebé, cuidarlo puede parecerle un trabajo muy pesado.

No hay por qué negarlo: la maternidad es un trabajo muy pesado, no importa cuánto ames a tu hijo, y está bien que reconozcas que es un trabajo duro y que te des crédito por realizarlo.

16. Verdadero Sentirse triste después de tener un bebé puede ser parte de un ajuste normal a la maternidad.

Es muy común sentir tristeza después de tener un bebé. Muchas mamás se sienten tristes o melancólicas. Si te llega a ocurrir, es importante que hables con alguien de tus sentimientos.

17. Falso Si la mamá y el bebé son separados durante las primeras horas después del nacimiento, el vínculo entre ellos quedará roto para siempre.

Si bien es cierto que puede ser maravilloso que una mamá y su bebé estén juntos justo después del parto, esto no garantiza que se forme entre ellos un vínculo fuerte y seguro por el resto de la vida. Aun así, pueden desarrollar vínculos fuertes y positivos con su bebé.

¿Qué opinas de estos mitos? ¿Qué otros mitos sobre la maternidad conoces?

_____

_____

_____

_____

_____

_____

_____

Recordatorio

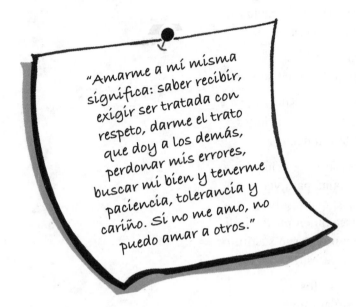

"Amarme a mí misma significa: saber recibir, exigir ser tratada con respeto, darme el trato que doy a los demás, perdonar mis errores, buscar mi bien y tenerme paciencia, tolerancia y cariño. Si no me amo, no puedo amar a otros."

Actividades para esta semana

Esta semana puedes seguir trabajando con los aspectos de tu infancia que has visto en este capítulo y los anteriores para que vayas dejando atrás los sentimientos de dolor, enojo, tristeza y miedo. También puedes reflexionar acerca de los mitos sobre la maternidad y pensar qué tipo de mamá quieres ser tú. Recuerda, **no existen las supermamás**, sólo seres humanos con sentimientos y necesidades que tratan de hacer bien lo que les corresponde. Piensa si conoces otros mitos. Si tienes dudas respecto a ellos, puedes comentarlos con tu familia, con tus amigas y con el médico.

	L	M	M	J	V	S	D
• Practicar el ejercicio de relajación							
• Practicar la comunicación asertiva							
• Reflexionar sobre tus duelos y frustraciones de la infancia							
• Revisar tu relación con tu mamá para ver qué tienes que resolver. Busca quién puede darte apoyo materno sustituto si lo necesitas.							
• Repasar tus recordatorios							

7

Pérdidas y revalorización de tu persona

Antonia había trabajado desde los 18 años. Sus ingresos le habían permitido vivir con más independencia que sus hermanas. Cuando terminó la universidad se casó, y consiguió lo que para ella era la mejor oportunidad laboral. Le gustaba su trabajo y amaba a su esposo, y muchas veces pensaba que tenía la vida perfecta. Después de unos años, recibió con alegría la noticia de su embarazo. El bebé nació sin problema y Antonia no tuvo dificultad para amamantarlo. Todo iba sobre ruedas cuando notó que su licencia de maternidad estaba a punto de terminar. ¿Tan pronto? Se le rompía el corazón al pensar que tendría que dejar a su bebé en manos de extraños. Su esposo quería que dejara de trabajar y se dedicara por completo a su bebé, pero ella no estaba segura de lo que quería hacer: amaba a su bebé, pero también le encantaba su trabajo, y no era sencillo conseguir otro tan bueno como el que tenía. Además, le era difícil pensar que ya no tendría su propio dinero, y que iba a tener que pedirlo a su esposo.

Este capítulo toca dos temas importantes: las situaciones y actividades que ya no podrás hacer, aunque sea por un tiempo; y la valoración que haces de ti misma. Cada uno te mostrará nuevos retos que enfrentar en este momento de tu vida.

1. Pérdidas y depresión posparto

Conforme avanza el embarazo se acerca **el nacimiento de tu bebé**, un **cambio radical** para el cual es necesario que te prepares. Los cambios en la vida se acompañan siempre de pérdidas y ganancias; y la llegada de un bebé no es la excepción.

Tómate un instante y piensa, si es tu primer bebé, ¿qué cambios crees que van a presentarse en tu vida cuando nazca: en tu relación de pareja, con tu familia, tu trabajo o estudio y otras situaciones?

_____

_____

_____

_____

_____

_____

Si ya tienes otros hijos, ¿qué cambios ocurrieron con el nacimiento de tu primer bebé y cuáles crees que se presenten ahora que nazca éste?

_____

_____

_____

_____

_____

También hemos dicho que las experiencias de pérdida con frecuencia llevan a las personas a la depresión, sobre todo en quienes no cuentan con el apoyo de familiares o amigos o tienen una autoestima muy baja. Por esto, es importante revisar las pérdidas que se presentan en el embarazo y posparto que hacen vulnerables a las mujeres a la depresión.

Pero también hay que pensar en cuáles son las recompensas, alegrías y aspectos positivos que trae el nacimiento de un bebé.

Las **ganancias** suelen ser claras o cuando menos socialmente muy reforzadas: en primer lugar, está la mayor ganancia de todas: el bebé. En segundo lugar, se gana un nuevo rol, el rol de madre, que aunque agotador es maravilloso. En tercer lugar, se gana un nuevo lugar en la sociedad, uno generalmente valorado y que se asocia con la madurez.

Las **pérdidas** suelen ser un tema del que **la gente no habla** con facilidad, como si el nacimiento del bebé debiera compensar todas las dificultades y hacer olvidar lo que se pierde. Pero como sí existen, hablar de ellas te fortalecerá.

A continuación se mencionan las pérdidas más frecuentes cuando nace un bebé. No todas las mujeres las presentan ni con la misma intensidad, pero cualesquiera que sean es útil que las reconozcas y las vivas, y que te des la oportunidad de expresar la tristeza o frustración que te causen, pues **expresar estos sentimientos** no excluye el gusto y amor por tu bebé.

1 Pérdida del tiempo para una misma

Cuidar a un bebé es realmente agotador. Puede pasar el día y de pronto, cuando regresa el esposo del trabajo, la mamá se da cuenta de que ni siquiera ha tenido tiempo para bañarse y, sin embargo, siente que no ha hecho "nada". Es importante recordar que **el agotamiento es real**, lo falso es creer que no se hizo "nada". No es necesaria una actividad física intensa para acabar muy cansada; estar alerta y disponible para un bebé, desgasta; sus periódicas necesidades de alimento y cambio son las que gobiernan la vida de la nueva mamá durante un tiempo y esto agota a cualquiera. Ello significa que tendrás poco tiempo para ti misma y muchas demandas de hacer cosas para tu bebé, la casa y demás.

No sé por dónde empezar

Una cosa a la vez. Verás cómo poco a poco te organizas

◉ A continuación te damos varias claves que podrás usar para lidiar con las múltiples demandas y evitar el agotamiento.

La primera clave para que puedas manejar esta situación es recordar que **es temporal** y que poco a poco (entre tres y cuatro meses, a lo mucho) podrás ir estableciendo un horario cada vez más predecible y podrás volver a hacer algunos planes.

La segunda clave es tener claro **cuáles son tus prioridades**: si estar descansada o tener una casa perfecta, relajarte y platicar con alguien o preparar una comida muy complicada. Como nueva mamá tendrás que establecer estas prioridades, ya que si intentas hacer todo es más fácil que te agotes. Es importante que pienses y escribas tus prioridades desde casa (como harías una lista de propósitos de año nuevo), mientras imaginas que ya nació tu bebé. De esta manera podrás planear un poco de tiempo para ti.

La tercera clave consiste en pensar en **las personas que podrían**, en estas primeras semanas, **ayudarte** con las tareas del hogar, ya sea con la limpieza, el mandado, quedándose a ratos con el bebé o llevando algo de comida ya preparada, como lo vimos en capítulos anteriores. En este sentido conviene que recuerdes que no sólo es necesario tener pequeños ratos libres, sino que también los mereces.

2 Pérdida de la apariencia

Es frecuente que las mujeres después de dar a luz tengan la idea de que su apariencia ahora es poco agradable, esto, aunado al escaso tiempo que tienen para cuidarse favorece que no estén contentas con la manera en que se ven. Ante esto, es útil que comiences a **cuidar tu aumento de peso desde el embarazo**, pero, de nuevo, te va a ayudar recordar que todos los cambios sufridos son, en la mayoría de los casos, reversibles en unos meses. Esto significa que si pretendes regresar al peso previo al embarazo en unos días, es imposible. Tu cuerpo está cumpliendo una de las tareas más admirables y sorprendentes al generar vida, por lo que

¿Cuándo volveré a tener mi talla?

es necesario que le des tiempo para volver a estar como antes y que valores el milagro del que fue portador. Poco a poco en el transcurso del año tu cuerpo se irá recuperando.

3 Pérdida del trabajo remunerado

Muchas mujeres por sí mismas, por la influencia de otros o porque pierden su empleo, dejan de trabajar. Para quienes realmente hubieran querido seguir trabajando, ésta puede ser una pérdida muy grande, y un motivo de depresión. Pero aun las que están contentas con haber dejado de trabajar, pueden descubrir, repentinamente, que perdieron la oportunidad que tenían de convivir y platicar con otros adultos, lo cual las hace sentir solas. Nuevamente se trata de **reconocer lo que esta situación te provoca** y, en caso de que sea temporal, pensar con optimismo en la posibilidad de reincorporarte al trabajo en un tiempo corto.

Si reconoces las pérdidas como parte de un proceso y expresas los sentimientos de tristeza, angustia o enojo que te acompañan, **con el tiempo** te irás adaptando a tu nueva vida, aceptarás los cambios y es muy probable que te sientas más contenta, madura, plena y feliz.

Ahora, antes de pasar al siguiente ejercicio, es importante que resumas lo que piensas que has perdido en este embarazo o perderás con esta maternidad.

_____

_____

_____

_____

_____

_____

_____

Ejercicio: Relajación e imaginación para manejar las pérdidas

Para qué sirve

Este ejercicio te ayudará a **lidiar mejor con las posibles pérdidas** que experimentarás con tu embarazo y la llegada de tu bebé.

Cómo hacerlo

Es parecido a los ejercicios de relajación que has hecho anteriormente, pero ahora el objetivo es que te despidas de las cosas que van a cambiar en tu vida con la maternidad y, de esta forma, hagas espacio en tu interior para recibir las nuevas que te llegarán con el nacimiento de tu bebé.

Primera parte

Inicia con la primera parte del ejercicio de relajación del capítulo 2. Una vez que termines, continúa con la segunda parte que está en la siguiente página.

Se trata de que visualices escenas que reflejen las situaciones de tu vida que están cambiando con el embarazo o que cambiarán al nacer el bebé, de manera que las imágenes visualizadas y las conserves como un lindo recuerdo en tu corazón.

Segunda parte

Ahora visualízate antes del embarazo... ¿Cómo estás vestida? ¿En dónde te encuentras? Te ves haciendo cosas que acostumbrabas, disponiendo de todo el tiempo que tú decidas, sin tener que ajustarte al horario o a las demandas de otra persona... ¿Te gusta lo que ves?... Ahora mantén fija le escena como si fuera una foto... Píntala toda de un solo color, como si tuvieras la escena fija y vista a través de un filtro de color... La ves ahora con gran

precisión, tu imagen como foto de algún color... Ponle un título a la imagen... Después, como si fuera un pliego de papel de china, dobla en tu mente esta foto y guárdala en tu corazón... Inhala, exhala...

Ahora busquemos otra imagen de lo que va a cambiar como consecuencia de este embarazo. En ella te ves de nuevo en algún momento antes del embarazo, esta imagen incluye a otras personas a las que también afecta el nacimiento del bebé: tu pareja, tu familia u otros hijos, ¿Qué ves? ¿Dónde estás?... Nuevamente, fija la escena y pinta en tu mente esta "foto" del color que desees... Ponle un nombre... Dobla este nuevo pliego de papel de color y guárdalo en tu corazón.... Inhala, exhala...

Ahora piensa en otra imagen que represente algo más de lo que va a cambiar. ¿Cómo te ves? ¿Dónde estás?... Nuevamente fija la escena y pinta en tu mente esta "foto" del color que desees. Dobla este nuevo pliego de papel de color y guárdalo en tu corazón... Inhala, exhala...

Respira hondo, inhala, exhala suavemente, ahora siente a tu bebé en tu vientre y dile: "Todo puede esperar un tiempo por el momento, lo más importante es acompañarte en tu crecimiento"... Vuelve a respirar profunda y suavemente, inhala y exhala; sabes que en tu corazón llevas estos papeles de colores y que con el tiempo volverás a extender algunos de ellos para volver a vivir lo que ahí esta grabado... A otros de ellos poco a poco les encontrarás nuevas formas y colores de visualizarlos.

Respira profundamente, inhala, exhala, siente la postura de tu cuerpo... inhala, exhala, mueve suavemente tus pies, inhala, exhala, mueve tus manos, inhala, exhala, mueve suavemente tu cabeza y cuando estés lista abre los ojos.

Compartir los sentimientos con alguna persona o en un grupo

Si esto lo haces con un grupo, puede completar esta experiencia **hablar de los sentimientos** que te provocó el ejercicio con el grupo. Si cuentas con alguien a quien le tengas mucha confianza, platicárselo también puede ayudarte en este proceso de dejar atrás. Cuando se platican las cosas es común que se vaya reduciendo el sentimiento de dolor. Otra opción es que **escribas qué descubriste** al hacer este ejercicio.

Revalorización de tu persona

Como habrás notado, son varias las pérdidas que tienes que enfrentar con tu nuevo rol como mamá. Ya dijimos antes que las ganancias también son muchas, por lo que, al trabajar tus emociones, como has aprendido a hacerlo a lo largo de este libro, hará que el balance final entre pérdidas y ganancias se incline del lado de las ganancias.

A continuación te proponemos otro aspecto que es importante trabajar: **la revalorización de tu persona**. Esta revalorización forma parte del autoconocimiento, el cual nos **permite enfrentar mejor las situaciones complicadas de la vida**.

Las personas que tienden a deprimirse, por lo general tienen una imagen muy mala de sí mismas: subrayan sus defectos y se olvidan de ver sus cualidades. Conocerte más a fondo y apreciarte como eres te ayudará a resistir mejor a la depresión. Ahora que vas a ser mamá, también te será de mucha utilidad sentirte más segura de ti misma y saber con qué fortalezas y debilidades cuentas. No olvides que la perfección no forma parte de la condición humana, pero la aceptación de la persona que somos nos permite enfrentar mejor las diversas tareas de la vida y trabajar nuestros rasgos menos afortunados.

Ejercicio: Cualidades y defectos[9]

Para qué sirve

Este ejercicio te ayudará a conocer cómo te ves a ti misma y a tener una imagen más objetiva de ti.

Cómo hacerlo

Haz una lista de tus **cualidades** y junto ponle una palomita a aquellas que te van a servir ahora que vas a ser mamá (recuerda que lo puedes hacer aquí o en tu cuaderno).

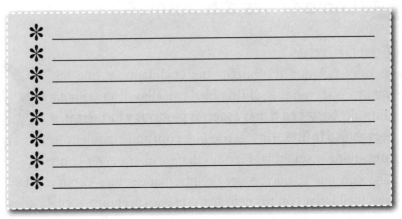

Si no se te ocurren muchas, ya que con frecuencia vemos más los defectos que las cualidades, aquí te sugerimos algunas que hemos encontrado a menudo en mujeres que asisten a estos cursos: cariñosa, honesta, sincera, sensible, trabajadora, ordenada, con deseos de superarse, limpia, puntual, tolerante, sana, alegre, inteligente, buena amiga, responsable, generosa. Si tienes alguna de ellas, puedes agregarla a tu lista.

Ahora, haz una lista de lo que crees son tus **defectos**.

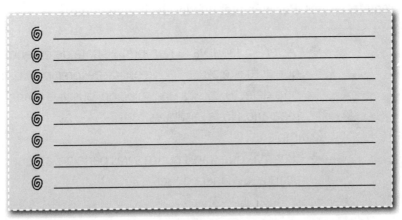

Algunos defectos que han reportado las mujeres son: grosera, poco comprensiva, perfeccionista, chismosa, resentida, orgullosa, envidiosa. Si tienes alguno de ellos, puedes agregarlo a tu lista

2. ¿Cómo te ves a ti misma?

Cualidades

Es muy útil que reconozcas tus cualidades y que las valores y aprendas a sentirte bien con ellas. Esta semana trata de **buscar en ti más aspectos positivos y fortalezas, y agrégalos a tu lista.** Hay gente que confunde esto con ser presumida o soberbia. Pero no tiene nada que ver con eso, sino con que te puedas ver de una manera más completa. Es más fácil lidiar con tus defectos si puedes aceptar tus cualidades.

Lee con frecuencia tu lista de cualidades para que desarrolles una visión más positiva de ti.

Defectos

En cuanto a tus defectos, probablemente lo que acostumbras hacer cuando los ves es decirte tonta, inútil... y cosas peores, pero eso no resuelve nada y sólo te hunde más.

Te va a ayudar mucho el que trates de **hablarte con más afecto cuando cometes errores.** Por ejemplo, puedes decir algo como:

❖ "A ver ____(aquí va tu nombre)___, trata de entender por qué actuaste así _____ (con ira, desprecio o cualquier otro defecto), busca una solución, busca la manera de repararlo. No te castigues."
O también:
❖ "Por más que trates nunca serás perfecta, así que mejor acepta tu manera de ser."

La imagen que las personas tienen de sí mismas, en gran medida la han **aprendido** con base en lo que los demás les han dicho; por lo tanto, cuando son adultas pueden aprender una manera más positiva de verse si se dicen palabras más positivas.

Si desarrollas una imagen equilibrada –y aceptas tus cualidades y tus defectos– también podrás ayudar a tu bebé a que desarrolle una imagen equilibrada de sí mismo, ya que no sólo le señalarás sus errores con afecto sino también sus cualidades.

Recordatorio

Este recordatorio tiene como finalidad que desarrolles una actitud más positiva ante tus cualidades y defectos. Cada vez que te des cuenta de alguna de tus cualidades o defectos, repite lo siguiente.

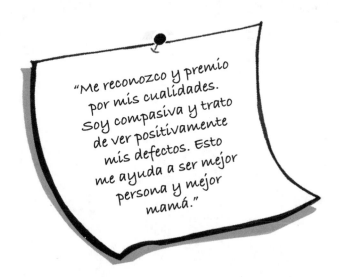

"Me reconozco y premio por mis cualidades. Soy compasiva y trato de ver positivamente mis defectos. Esto me ayuda a ser mejor persona y mejor mamá."

Actividades para esta semana

Marca con una palomita las actividades que te propones hacer a lo largo de esta semana, puedes volver a marcar algunas de las que ya marcaste la semana pasada, pero pon especial atención en las actividades nuevas que te proponemos. Antes de pasar al siguiente capítulo, revisa el cuadro y marca con una cruz las que cumpliste.

	L	M	M	J	V	S	D
• Actividades para mejorar tu estado de ánimo ¿se te ocurre alguna actividad nueva?							
• Trabaja alguna situación pendiente que hayas detectado de capítulos anteriores							
• Ejercicio: Cualidades y defectos							
• Ser compasiva y comprensiva conmigo misma							

Pareja y futuro padre

Cuando nació la bebé de **Natalia**, empezó a pasar algo muy raro entre ella y Agustín, su esposo. Ellos eran "una buena pareja": compartían gustos, platicaban mucho y se repartían los quehaceres. Cuando nació la bebé, Agustín la comenzó a cuidar tanto como Natalia, pero ella no se sentía cómoda... Si ella decía que la bebé lloraba por hambre, Agustín afirmaba que era por sueño y la trataba de dormir. Si Natalia la vestía después del baño, Agustín le decía que era mejor ponerle primero el pañal y hasta después la camiseta, y no como Natalia lo había hecho. Ninguno podía hacer nada por la bebé sin que el otro hiciera algún comentario que sugiriera que él o ella lo habría hecho mejor... todo parecía indicar que estaban compitiendo por el amor de su bebé.

Tiene sueño y frío, jamás me equivoco...

Tiene hambre y calor, nunca me falla...

1. La relación de pareja

¿Cómo es tu relación con tu pareja o esposo? ¿Cómo es ahora que van a ser padres? ¿Cómo esperas que sea él? ¿Está contento de ser padre? ¿Sientes que te apoya? ¿Está el papá de tu bebé contigo?

El nacimiento de un bebé implica grandes responsabilidades y exigencias que pueden provocar que aun una pareja sólida y estable resulte afectada. Hay que reconocer que los cambios que comienzan desde el embarazo afectan también, en mayor o menor medida, a la pareja. Recuerda que anteriormente revisamos ya algunos de estos temas, como las pérdidas y los cambios en la vida de la mujer. Por su parte, el padre de tu bebé también tendrá nuevas responsabilidades y es entendible que se sienta inquieto sobre cómo hacerles frente. **Ante el temor a los cambios** que se avecinan, tu pareja y tú pueden tender a **aislarse uno del otro**, a no hablar de ello y a refugiarse cada uno en su mundo.

Al igual que en otros momentos de tu vida, durante el embarazo y el posparto tener una **buena relación con tu pareja** reduce la probabilidad de que sufras una depresión. Una buena relación incluye respeto, comprensión, apoyo y afecto. Es innegable que entre todas las parejas surgen dificultades. Sin embargo, si éstas se enfrentan juntos, será más fácil ir encontrando maneras de salir adelante.

Los anuncios de la televisión suelen presentar a parejas perfectas que, frente a un bebé rollizo y sonriente, se toman de la mano y se miran orgullosos por ser los padres de tan hermosa criatura. Nada más alejado de la realidad, pues tener y cuidar a un bebé implica noches sin dormir, de preocupación e impotencia ante un llanto inexplicable y de falta de tiempo de uno para el otro. **Todo se centra en el bebé y encararlo es difícil para la mayoría de las parejas**.

Muchas parejas tienen **expectativas irreales** en cuanto a la llegada de un bebé. Piensan que así se solucionarán todos los problemas de la pareja o que se fortalecerá la relación entre ellos. La experiencia demuestra que la realidad es muy distinta, que los bebés no vienen a solucionar los problemas y que más bien traen consigo otros nuevos.

Para una mujer resulta doloroso y angustiante si su pareja no responde con entusiasmo ante el embarazo o si reacciona de manera negativa, ya sea que lo exprese o no. Además, ya hemos mencionado que entre las situaciones que pueden desencadenar depresión en las nuevas madres están la falta de **apoyo en las actividades diarias** y la falta de **comprensión emocional** por parte del esposo o padre del bebé en esos momentos.

En general, a los hombres y a las mujeres no se nos educa para tener relaciones igualitarias, lo que nos lleva a tener dificultades. Muchas veces, a las mujeres se nos educó para satisfacer las necesidades de nuestra pareja y para ser casi una especie de segunda madre para ella, y no aprendemos **a reconocer nuestras propias necesidades** ni a pedir que sean satisfechas. Como la llegada de un bebé significa que sobre nosotras recaerán mayores demandas, necesitaremos recibir mucho apoyo en este periodo.

Si sabemos cómo pedir ayuda y logramos que nuestra pareja se sensibilice a nuestras necesidades, es probable que el nacimiento del bebé se convierta en una oportunidad de crecimiento para los dos y a la larga lleve a una relación más profunda y satisfactoria. Como se vio en el capítulo anterior, las mujeres debemos **aprender a pedir de manera clara y explícita** el tipo de ayuda que necesitamos. También debemos saber que el papá de un bebé suele responder mejor cuando se le involucra con su futuro hijo desde el embarazo (esto último lo veremos más adelante).

En el momento de tener un hijo y en la vida en general, el mejor remedio para los desencuentros de las parejas es buscar la **comunicación**. Por ejemplo, si no hablas con tu pareja de ciertos temores que puedas tener —como puede ser el caso de un temor en torno a la relación sexual durante el embarazo como algo que crees que daña al bebé—, tu pareja puede interpretar tu reacción de alejamiento sexual como un rechazo personal, lo que seguramente acarreará consecuencias negativas para la relación. Para orientarte al respecto, a continuación profundizaremos en otros cambios que afectan la vida sexual de la pareja.

2. La sexualidad

Aunque muchas mujeres experimentan un aumento de interés por el sexo durante el embarazo, en otras disminuye el deseo. Esto último suele ser bastante frecuente después del parto.

Durante el embarazo, el **deseo sexual** de la mujer, así como sus preferencias o su conducta sexual, pueden verse afectados por varias razones. En algunas mujeres, ciertas partes del cuerpo se tornan más o menos sensibles que antes del embarazo; en otras se pierde el deseo sexual al estar encinta. También es posible que se experimente dolor durante el coito o angustia por el bienestar del bebé. Otras veces, quien cambia es la pareja, pues también él puede sentirse preocupado por el bienestar del bebé.

La realidad es que **el bebé no corre riesgo porque está bien protegido** por los músculos del útero, la bolsa de líquido amniótico y el tapón mucoso, todos los cuales evitan que organismos y sustancias ajenos entren al vientre materno. Así que se trata de un miedo infundado. En estas situaciones, lo primero que te sugerimos hacer es, cuando sea posible, **hablar de estos sentimientos y temores** con tu pareja y después consultar, preferentemente juntos, a tu médico o un psicólogo. La disminución del interés sexual no quiere decir que ahora se quiera menos al esposo o pareja, ni tampoco que esta falta de interés vaya a ser permanente.

La sexualidad también puede sufrir cambios en el posparto. A veces ocurre una **disminución en el deseo sexual**. Entre las causas se encuentran, en primer lugar, el cansancio físico generado por el trabajo de parto y posteriormente por las exigencias del cuidado de un recién nacido. Otros factores que influyen son la posible presencia de una baja autoestima respecto al físico y los cambios hormonales naturales. En el caso de la lactancia, muchas veces hay una sensación de que ahora los pechos le pertenecen sólo al bebé. A todos estos factores hay que agregar la íntima relación necesaria para que una madre cuide de su bebé, lo cual explicaría que el sexo pueda perder importancia.

Frente a una disminución en el interés sexual, lo primero que debes recordar es que es algo normal y, por lo tanto, hay que **evitar los sentimientos de culpa.** En segundo lugar, es recomendable que hables de estos sentimientos con tu pareja, pues él necesita saber que tu falta de interés no es algo personal ni señal de que algo vaya mal, sino una nueva situación que necesitan renegociar entre ambos. Los hombres deberían saber que las mujeres **vuelven a hacer el amor con entusiasmo** cuando se les concede el tiempo necesario para recuperarse física y emocionalmente del parto. Recuerda que si te resulta difícil hablar con tu pareja, puedes tratar de comunicarte con él escribiéndole cartas o dejando que lea un diario que lleves a lo largo del embarazo. Lo importante es **no aislarte y aclarar las cosas.**

3. Violencia y alcoholismo en la pareja

En este punto es fundamental hablar de una situación que, por desgracia, es bastante frecuente y que **no se resuelve con el tiempo: la violencia en casa.** La violencia y el alcoholismo de la pareja generan depresión y angustia en la mayoría de las mujeres.

Por razones complejas y difíciles de entender, cuando la mujer está embarazada, a veces sucede que el hombre se pone violento o más violento que en

otros momentos de la vida. Además de poner en riesgo la integridad de la mujer, este comportamiento puede lastimar la vida y la salud física del bebé. Se trata de un problema grave y difícil de entender o justificar, pero al que hay que buscarle una salida.

Hay que recordar que estas situaciones **no son normales, no se resuelven solas, requieren ayuda y no se deben tolerar**. Si éste es tu caso, es importantísimo que pidas ayuda a algún especialista, como puede ser un médico, una enfermera, una trabajadora social o un psicólogo. También puedes recurrir a algunas de las diversas instituciones que se dedican a apoyar a las mujeres víctimas de violencia.

Una mujer en esta situación experimenta grandes conflictos y temores, así como vergüenza y falta de valoración de sí misma.

En relación con este problema, las siguientes preguntas te servirán para evaluar si hay violencia o amenaza de violencia por parte de tu pareja.

❦ ¿Cuánto le comunicas directamente a tu pareja tus pensamientos y sentimientos? ¿A veces esperas simplemente que los adivine o "se dé cuenta de ellos"?

❦ ¿Sientes que a veces es peligroso hablar con tu pareja de tus sentimientos y pensamientos?

❦ ¿Piensas que tienes los mismos derechos que tu pareja de hablar sobre los problemas en tu relación?

❦ ¿Piensas que tus necesidades son tan importantes como las de tu pareja u otras personas de tu vida?

❦ ¿Te sientes en peligro cuando expresas tus necesidades?

❦ ¿Has recibido maltrato físico (golpes) o verbal (insultos y amenazas) por parte de tu pareja?

4. Paternidad

Las mujeres debemos recordar que **el bebé es de ambos** padres. Involucrar a tu pareja desde el embarazo es la mejor manera de favorecer una relación entre el bebé y su papá. Para ello puedes invitarlo a sentir los movimientos del bebé, a hablarle cerca de tu vientre y a elegir música para que el bebé la escuche desde adentro de ti.

En la medida de lo posible, otra manera de involucrarlo es que tu pareja te acompañe a las consultas médicas, sobre todo cuando vayan a realizarte un ultrasonido o a escuchar el corazón del bebé. Asimismo, cuando el hospital permite que la pareja esté presente en el parto, ésta suele ser una experiencia que beneficia a la madre, al bebé y al padre, pues favorece el vínculo entre los tres.

Cuando nazca tu bebé, es importante que su padre también aprenda a cuidarlo. La vida de un bebé se enriquece cuando siente cerca la presencia del padre.

Tu **pareja** cumple un **papel fundamental** en tu bienestar y en el de tu bebé. No obstante, muchos hombres no se dan cuenta de ello y piensan erróneamente que no son importantes. **Se sienten excluidos**,

como si en estos momentos sólo contara la mamá. La realidad es que tú misma serás mejor mamá en la medida en que te sientas apoyada por tu pareja. Así te será más fácil desconectarte del mundo para conectarte con tu bebé.

Cuando los papás participan verdaderamente en el cuidado del bebé, la soledad puede dejar de ser un problema. Lo que puede ocurrir entonces es que surja una **competencia** por ver quién hace mejor las cosas. Esto es **normal** y en realidad no hay que darle mucha importancia, pues todos los adultos que cuidan a un bebé —y esto incluye a las abuelas, las tías, el papá y la mamá— entran de forma natural en una especie de competencia. A fin de cuentas, a todos les preocupa el bienestar y cada adulto quiere hacer las tareas al menos un poco mejor que los demás. Es muy importante saber esto para aprovecharlo en beneficio de tu bebé y no en perjuicio de las relaciones entre los adultos.

En primer lugar, debes recordar que tú eres la madre, y no sólo eso, sino que **tú eres la madre que tu bebé necesita**. En ocasiones, la competencia puede hacer que los otros adultos expresen críticas, pero es necesario recordarles a todos que **cada quién tiene su estilo** de cuidar al bebé, y que justamente el bebé los necesita a todos, pero a cada uno ocupando su lugar: la mamá, el papá, las abuelas y los abuelos, las tías y los tíos. Con sus respectivos cuidados, todos enriquecen la vida del bebé, pero también lo ayudarán si cada uno asume su rol en la gran organización familiar.

Una forma de visualizar cuál es el lugar que le corresponde a cada miembro de la familia es dibujar una imagen del árbol genealógico o familiar al que se va a integrar tu bebé. Quizás quieras trazar este diagrama junto con el padre del bebé, y dar su lugar a cada uno de los miembros de la familia.

Cuando nazca tu bebé, habrá un gran cambio entre tú y tu pareja, pues además de esposos o compañeros ahora serán también padres, responsabilidad ante la cual tal vez puedan sentir temor. De nuevo, la mejor manera de manejar esta preocupación es hablándolo. El nacimiento de un bebé señala el inicio de un **tiempo de reorganización y reajustes**, en que, en lugar de cuidar exclusivamente uno del otro, ahora ambos tendrán, además, que asumir el cuidado de su bebé. Es normal que como pareja extrañen, a ratos, el tiempo en que compartían actividades solos y se cuidaban mutuamente. Sólo resta dar, como dicen, "tiempo al tiempo" y platicar de lo que sucede mientras se vuelven a acomodar las cosas.

5. Actividades de la semana

A continuación se presentan dos ejercicios para practicar en casa.

Ejercicio: Hablar con la pareja sobre el bebé

Para qué sirve

El objetivo de este ejercicio es favorecer que tu pareja reflexione en su paternidad y propiciar que ustedes dos puedan hablar de ello. Su intención es lograr que el papá se involucre en el proceso de ser padre y darle ideas sobre cómo puede apoyarte en este proceso.

Cómo hacerlo

Para hacer este ejercicio, al final de este capítulo se ha incluido un escrito que se preparó para el futuro papá. Antes de dárselo a leer a tu pareja, léelo tú para que te enteres de lo que dice. Es recomendable que sólo se lo des a leer si crees que va a tener una reacción positiva. En cambio, si crees que podría molestarse y reaccionar de manera negativa, es mejor que no se lo des a leer. Tú puedes, desde luego, agregar a este escrito otras cosas que consideres importantes para ti. Si crees que puede servir para propiciar un momento de acercamiento, lo pueden leer juntos los dos y comentarlo después.

Si por alguna razón **ya no estás con el padre de tu bebé,** es importante que tengas claro cuáles son tus sentimientos hacia él y que, cualesquiera que éstos sean, no cambian el hecho de que él sea el padre. Por lo tanto, tendrás que **llegar a acuerdos** con él respecto a si se involucrará o no con su hijo o hija, si aportará para su manutención, si participará en sus cuidados, etcétera. Cuando una mujer tiene sentimientos de enojo hacia el papá de su bebé, es muy probable que se los transmita al hijo y que, por lo mismo, no pueda negociar las mejores condiciones de apoyo que debe recibir de él. Por ello, te recomendamos que busques la manera de **manejar y dar salida a esos sentimientos** con los ejercicios que hemos revisado en los capítulos anteriores. Por otra parte, te sugerimos que sigas practicando el ejercicio de Apoyo Social para que encuentres el respaldo que necesitas.

Ejercicio: Hablar con los hermanos y hermanas del nuevo bebé sobre sus sentimientos y los próximos cambios

Cuando ya se tienen **otros hijos,** es recomendable que también se hable con ellos de la llegada del nuevo bebé y animarlos a que expresen sus sentimientos hacia él. Es importante recordar que lo más probable es que ellos tengan **sentimientos contradictorios** en relación con el nuevo bebé. Es decir, puede ser que por un lado estén contentos pero que, por otro, se sientan profundamente celosos o enojados. Culparlos por estos sentimientos no sirve de nada y en cambio puede hacerlos sentir muy mal. Por eso, al igual que hemos venido haciendo contigo, se trata de darles distintas alternativas para que expresen lo que sienten, ya sea por medio de dibujos o juegos. Hay que dejar muy claro que lo que no se vale es lastimar a otros ni a sí mismos. Es bueno **reconocer** frente a ellos que un bebé recién nacido no es muy divertido, pero que poco a poco irá creciendo y se convertirá en un compañero de juegos. También es importante propiciar que el hermano o la hermana mayor se sientan bien en este rol y que reciban los beneficios de serlo; por ejemplo, pueden hacer algunas actividades con el papá mientras el bebé es pequeño.

A continuación se presentan otros ejercicios en las que también pueden participar los hermanos o las hermanas de tu nuevo bebé.

Ejercicio: Bienvenida a la nueva mamá, el nuevo papá y el nuevo bebé

Este ejercicio lo puedes practicar tú sola o puedes compartirlo con tu pareja como parte del ejercicio anterior.

Si lo haces tú sola

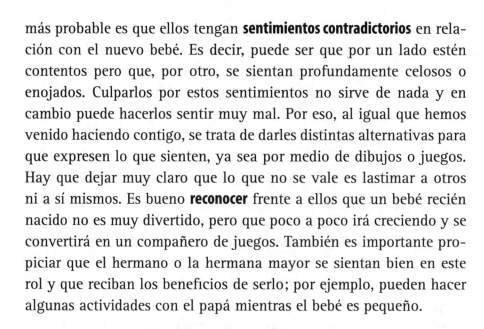

Bienvenida a la nueva mamá

Escríbete una carta (no tiene que ser muy larga) en la que te felicites por ser mamá por primera vez o de nuevo, y en la que reconozcas las cualidades que tienes para ser mamá. En ella también te puedes hacer sugerencias con base en lo que has aprendido en este libro para que puedas cumplir con tu papel de mamá, sentirte satisfecha contigo misma y darte confianza para hacerlo lo mejor que puedas.

Bienvenida al nuevo bebé

Escríbele una carta de bienvenida a tu bebé. Cuéntale en ella cómo te sientes respecto a él, háblale sobre su familia y sobre las circunstancias en que llega. Puedes decirle que de cualquier modo es bienvenido, y que harás lo necesario para que crezca y se desarrolle lo mejor posible.

También puedes hablarle de cosas cotidianas o contarle cómo es su casa y con quién va a vivir. Sea lo que sea que tú desees decirle, él querrá escucharlo.

Si lo haces con tu pareja

Bienvenida al nuevo papá

Invita a tu pareja a que se escriba él mismo una carta en que se felicite por ser papá por primera vez o de nuevo, en la que reconozca

sus cualidades para serlo y se haga sugerencias para poder cumplir su papel, sentirse
satisfecho de sí mismo y darse confianza
para hacerlo lo mejor posible.

Bienvenida al nuevo bebé

Cada uno puede escribir una carta de bienvenida al nuevo bebé como se explica arriba
y después, si quieren, pueden tratar de juntar
las ideas y escribir una carta entre los dos.

Si lo haces con los hermanos

Bienvenida al nuevo rol de hermanos mayores

Invita a tu hijo a escribir una carta o hacer un
dibujo para felicitarse por el nuevo rol que va a
cumplir en relación con el nuevo bebé: el de hermano mayor. Sugiérele que piense en las cosas
que él o ella van a querer enseñarle a su hermanito cuando esté listo para aprenderlas, pero
también recuérdale que esto va a ser posible sólo
hasta más adelante, pues al nacer los bebés nada
más comen, duermen y lloran.

Bienvenida al nuevo bebé

La única diferencia con tu carta o la de tu
esposo es que el hermano quizá prefiera hacer
un dibujo, el cual se puede utilizar luego
para decorar el cuarto del recién nacido.

Recordatorios

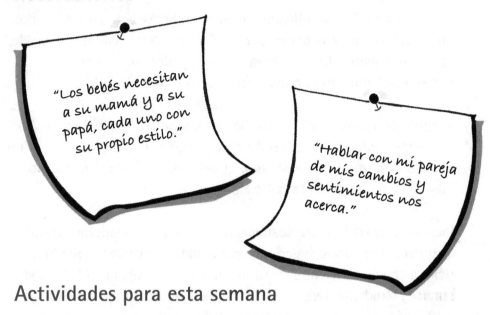

"Los bebés necesitan a su mamá y a su papá, cada uno con su propio estilo."

"Hablar con mi pareja de mis cambios y sentimientos nos acerca."

Actividades para esta semana

	L	M	M	J	V	S	D
• Actividades para mejorar tu estado de ánimo ¿Se te ocurre alguna otra?							
• Practicar la comunicación asertiva							
• Hablar con tu pareja sobre el bebé							
• Hablar con los hermanos y las hermanas sobre el nuevo bebé y los sentimientos que provoca su llegada							
• Dar la bienvenida al nuevo bebé, la nueva mamá, el nuevo papá y los nuevos hermanos							

Para el papá

Aunque es motivo de felicidad que un hombre se convierta en padre, también hay que reconocer que es el inicio de un camino lleno de retos y momentos difíciles. Para quien es padre por primera vez, esto representará muchos cambios y nuevas responsabilidades.

A partir de ahora, en el mundo hay otra vida que depende de ti. Por lo mismo, habrá que proveerle el sustento y todo lo que necesite para su desarrollo. Sin embargo, el bebé no sólo necesita tu apoyo material, sino también **tu apoyo afectivo**.

Incluso dentro del vientre de su madre, el bebé puede empezar a conocer a su papá. Por ello te sugerimos que le hables y cantes y que lo acaricies a través del vientre de tu mujer. De esta manera, el bebé **podrá sentirte y escucharte**. Existen estudios que demuestran que al nacer, un bebé reconoce la voz de su padre si éste le habló durante el embarazo. A muchos padres esto puede parecerles extraño o difícil, pero es cuestión de intentarlo. Quizás al principio se tenga la sensación de que no es muy normal hablarle a un bebé, pues los bebés no pueden entender las palabras, pero sí percibirán que se les habla porque se les quiere.

Hay gente que todavía piensa que cuidar a un bebé es una tarea exclusiva de las mujeres y que los papás que cuidan a sus bebés no son tan hombres. Tal cosa es mentira y la prueba es que cada vez hay más padres dispuestos a compartir el cuidado de su bebé con su mujer. Esto es una suerte para todos, para el padre, la madre y el bebé, pues así todos son más felices y se sienten más unidos.

Otras veces, lo que sucede es que los hombres tienen miedo de no saber cómo cuidar correctamente a su bebé. La manera más fácil y directa de solucionarlo es preguntando: al pediatra, a tu pareja o a tu propia madre. Si te interesa, también puedes pedirle a tu esposa que comparta contigo lo que ya sepa o lo que aprenda sobre el cuidado del bebé en este libro.

Un bebé que es atendido por su mamá y su papá recibe más estimulación, lo que le ayudará a desarrollarse mejor. El hecho de que la mamá y el papá tengan **cada uno su propio estilo** de cuidar es bueno para el bebé, quien no tardará en reconocer que una forma de cuidado corresponde a su papá y otra a su mamá (quizá el papá sea menos delicado que la mamá, pero esto no es importante).

Cuando un papá se da la oportunidad de acercarse a su bebé, de bañarlo, de cambiarlo y de jugar con él, construye poco a poco una relación sólida que luego le permitirá mostrarle el mundo al pequeño.

Otra manera en que puedes participar en el cuidado del bebé es proporcionando a tu pareja el apoyo que necesita en este momento. Así, cuando el bebé crezca, ambos podrán volver a ser una fuente de apoyo mutuo.

Cuando una mujer da a luz, suele quedar en un estado extremadamente **vulnerable**, no sólo física sino también emocionalmente. Ella también estará pasando por muchos cambios y tendrá nuevas demandas, por lo que necesita saber que puede contar contigo.

Los estudios científicos demuestran que las esposas que no cuentan con el apoyo de su pareja con frecuencia experimentan depresión. En contraste, quienes reciben este apoyo no sólo se deprimen menos, sino que además se sienten mucho más contentas.

Hay muchas formas en que puedes ayudar a tu pareja después de que nazca el bebé. Aquí te damos algunos ejemplos:

- ⊚ Hablar con ella para saber cómo se siente.
- ⊚ Ser cariñoso con ella.
- ⊚ No ser insistente si no quiere tener relaciones sexuales. Una mujer que acaba de dar a luz no tiene interés ni capacidad para tener actividad sexual. Hay que ser

paciente y no tomarlo como algo personal. Con el tiempo y el crecimiento del bebé, tu pareja volverá a interesarse en el sexo.

◎ Ayudarla con las tareas de la casa, como lavar la ropa o preparar la comida.

◎ Comprender que cuidar al bebé (y quizá a otros niños) es un trabajo agotador que a veces no deja tiempo para otras actividades. No ser exigente si no están listas otras cosas.

◎ No recibir muchas visitas, ya que atenderlas puede representar mucho trabajo.

◎ Compartir los cuidados del bebé.

◎ Aceptar que otras mujeres, como su propia madre o amigas, la ayuden en este periodo.

Para muchos hombres acostumbrados a que su mujer los atienda, la llegada del bebé puede ser un periodo difícil, pues ahora la esposa no tiene tiempo ni energía para atenderlos ya que el bebé requiere cuidados constantes. Por lo anterior, es posible que estos hombres se sientan desplazados. Cuando un hombre se siente así, puede ayudarle platicarlo con su pareja o con alguien a quien le tenga confianza. Tendrá que asumir que él es un adulto y el bebé y la mamá son quienes necesitan cuidados ahora. También le servirá recordar que esa situación no durará para siempre y que, cuando el bebé sea más grande, con seguridad su esposa querrá agradecerle todos los cuidados que recibió de él.

Ahora, tanto tú como tu pareja tendrán una **nueva función como padres**. El objetivo de cuidar al bebé deberá combinarse con el de procurar que siga creciendo su relación de pareja. Esto puede lograrse si se hacen cosas para fortalecerla, como darse tiempo para **platicar y hacer equipo** para enfrentar este gran reto de la vida.

La relación con el bebé

Juan, el bebé de **Andrea**, tenía cuatro meses cuando empezó a llorar todas las noches durante una hora o un poco más. Andrea estaba muy confundida. ¿Le pasaba algo a su bebé? ¿Iba a ser siempre así? También le preocupaba lo desesperada que empezaba a sentirse y cómo a veces, en lugar de calmarlo, quería aventarlo en la cuna y salirse del departamento. Por supuesto que no lo hacía, pero cada vez que volvía a empezar la hora del llanto del bebé, ella no podía evitar sentir lo mismo. Cuando fueron a ver a una pediatra, ésta explicó a Andrea y a su esposo que muchos bebés lloran así al llegar la noche como una forma de descargar la energía acumulada durante el día. También les dijo que no era grave ni permanente y que poco a poco dejaría de suceder. Andrea y su esposo sintieron un gran alivio al enterarse de esto. La doctora les recomendó turnarse para mecer a Juan en un cuarto con poca luz y música suave. La música no era para el bebé, sino para ayudar a mantener tranquilo al adulto que le tocara arrullarlo. Puede ser muy tranquilizador para el adulto mecer al bebé mientras se concentra en la música y no en el llanto. Andrea y su esposo comprobaron, una vez más, que criar a un hijo se facilita cuando uno busca consejo en personas expertas que conocen remedios o pequeños trucos.

Este capítulo está dedicado **a ayudarte a entender a tu bebé**. Todo lo que aquí se expondrá te servirá para facilitar tu relación con él o ella y para que el bebé, tu pareja y tú se sientan mejor.

1. Expectativas sobre el bebé

Tener una idea realista, no sólo sobre cómo son las mamás, sino también sobre cómo son los bebés, te permitirá darte cuenta de que no hay nadie que sea una supermamá y que tampoco nacen superbebés. La imagen de un bebé regordete y sonriente, que hace gorgoritos corresponde a la de un bebé de alrededor de seis meses y dista mucho de la realidad de un recién nacido.

Al nacer, tu bebé necesitará de ti: tú serás todo para él. Sin embargo, en un principio te dará muy poco a cambio, ya que a dar —como casi todo— se aprende poco a poco. Un ejemplo de esto es la sonrisa. Si bien es cierto que la sonrisa de tu bebé puede borrar momentáneamente todo el agotamiento de una noche sin apenas dormir, ten en mente que los bebés comienzan a sonreír a partir de las ocho semanas. Lo mismo pasa con fijar la mirada, pues tienen que pasar varias semanas para que un bebé pueda fijar la suya. Así, si has estado soñando con un bebé mayor, cuando nazca tu bebé, que será flaco y quizá peludo, puedes llegar a sentirte decepcionada.

En realidad, todos los bebés son seres hermosos, extraordinarios y únicos, pero también exigen mucho tiempo y trabajo. Por lo mismo, **es importante que revises tus expectativas** y pienses de manera realista para que puedas apreciar a tu bebé tal como es.

Ejercicio: Expectativas sobre el bebé

Para qué sirve

A veces, tener ciertas expectativas respecto a cómo va a ser un bebé puede hacer difícil relacionarse con él, sobre todo si se esperaba un bebé distinto o "mejor" al que realmente nació. Este ejercicio pretende hacerte consciente de estas expectativas y ayudarte a flexibilizar tu visión de él o ella.

Cómo hacerlo

A continuación encontrarás una serie de preguntas que te ayudarán a reflexionar acerca de tus expectativas sobre tu bebé.

1. Tómate unos minutos y analiza qué expectativas tienes sobre tu bebé o cómo te lo imaginas, tanto en su aspecto físico como en su manera de ser. También piensa en si crees que va a ser niño o niña.

2. Escribe cómo te lo imaginaste.

@ _____
@ _____
@ _____
@ _____
@ _____
@ _____

3. Ahora, tómate otros minutos para imaginar a tu bebé completamente diferente de como lo imaginaste antes. Trata de verlo en una forma opuesta. ¿Cómo lo ves ahora?

4. Escribe cómo lo ves ahora.

❀ _____
❀ _____
❀ _____
❀ _____
❀ _____
❀ _____

5. Cierra los ojos y analiza qué sientes ante la imagen de un bebé completamente diferente al de tus expectativas. Si tienes problema para aceptarlo, haz el esfuerzo de sentir que puedes quererlo de cualquier modo, así sea igual al que esperabas o completamente distinto. Si te es difícil, practica este ejercicio varias veces durante las siguientes semanas diciendo: "Bebé, aquí hay un lugar para ti tal como eres. No tienes que ser lo que yo u otra persona espera, sólo tienes que ser tú. Yo voy a quererte tal como eres".

6. Hay ocasiones en que no sólo se espera que el bebé sea de determinada manera, sino que además **se le han asignado ya** —a veces inconscientemente— **tareas**. Piensa en cuáles le has asignado al tuyo. Éstos son algunos ejemplos de tareas:

✿ Salvar tu matrimonio. "Cuando nazca mi bebé, mejorará mi relación con mi marido o pareja."

✿ Reemplazar a un hijo anterior que desgraciadamente haya fallecido: "Ya no voy a estar triste por la muerte de _____ porque voy a tener otro bebé y él vendrá a ocupar su lugar."

✿ Sustituir a algún familiar muy cercano que haya fallecido recientemente: "Siento que este bebé viene a ocupar el lugar de mi hermano que acaba de morir."

✿ Hacer compañía. "Ya no voy a estar sola porque ahora mi bebé estará conmigo."

Muchas mamás y papás piensan que su bebé puede traerles algo que les falta. Esto es imposible, pues un bebé no viene al mundo a hacer nada de esto. Es un ser que nace con sus propias necesidades y no viene a cumplir con ningún tipo de funciones. Esperar que cubra determinadas necesidades le impone una carga muy pesada que no le corresponde y a los padres les puede producir decepción porque las cosas no sean como esperaban.

7. Ahora, cierra los ojos de nuevo e imagina que le dices a tu **bebé: "No tienes que venir a hacer nada en especial**. Vienes, como todo el mundo, a vivir tu propia vida y a aprender muchas cosas. Yo soy la adulta aquí y yo tengo que resolver mis problemas. Tú eres el chiquito que necesita de mis cuidados." Repítelo varias veces.

2. Relación con el bebé: apego y cuidados

Aun cuando haya pasado nueve meses en tu vientre, cuando nazca tu bebé es probable que lo sientas como un desconocido al tenerlo finalmente en brazos. Debes ser paciente, pues **es necesario algún tiempo para que ambos se vayan conociendo**. Una nueva mamá no sólo aprende a querer a su bebé, sino que también aprende a ser querida por él.

Cuando los bebés nacen, dependen absoluta y completamente de los demás (su mamá y otros cuidadores) para TODO: comida, pañales limpios, ropa, cobijo, confort, abrazos, conversaciones, amor, cuidado médico y todo lo demás que se requiere para vivir y ser feliz. Un bebé que sabe que puede depender de su madre, y también de sus otros cuidadores, para recibir lo que necesita tiene una mejor oportunidad de llegar a ser una persona fuerte y amorosa, así como de que le vaya bien en la vida. Con ello nos referimos a que la madre acuda cuando él llore, que satisfaga sus necesidades físicas con amor, que lo mire a los ojos, que le platique y que le sonría. En suma, que le brinde cotidianamente un **baño de amor**. Los bebés que descubren que su madre (o cualquier otro cuidador) se ausenta con frecuencia o no es confiable, es común que más adelante tengan dificultades en sus relaciones con los demás.

Hay varias cosas que las mamás pueden hacer para que su bebé se desarrolle en forma segura y para que su cerebro madure.

Durante el embarazo, puedes comenzar por cuidar de ti misma y aprender

Estoy contenta de tenerte...

La La

a respetarte. Con ello ganarás seguridad, y eso te ayudará a cuidar mejor a tu hijo. También puedes hablarle, cantarle, palmear tu vientre con suavidad y enviarle pensamientos amorosos. Una vez que nazca, puedes continuar con estas actividades y expresiones para dar a tu bebé un sentimiento de continuidad y conexión contigo.

Desde que nacen, a los bebés les gusta **estar en contacto** con otras personas, sobre todo con su mamá y su papá: por eso es importante hablarles y cantarles. Si bien todavía no con la razón, los bebés comprenden definitivamente con el corazón; no sólo necesitan comer, sino que sus seres queridos convivan con ellos.

Si por alguna razón, como por ejemplo, porque trabajes fuera de casa, tienes poco tiempo para estar con tu bebé, no te sientas culpable, trata de que el tiempo que le dediques, lo disfrutes y estés cerca de él o ella. Procura que las demás personas que lo cuidan le den también un atención amorosa.

3. Comunicación con el bebé

Para comunicarte con tu bebé, hay que aprovechar los **diversos canales** que existen desde que nace:

1. **El llanto.** Es recomendable que alguien responda siempre al llanto del bebé, tú o quien sea que lo esté cuidando, para consolarlo. Está comprobado que responder pronto y consistentemente al llanto de un bebé hace que éste llore menos que otros bebés.

2. **El contacto visual**. Un bebé necesita mirar y que lo miren. Poco a poco, conforme pasen los días, te irás dando cuenta de que las miradas se convierten en verdaderos encuentros. Propiciarlos y disfrutarlos refuerza una buena relación madre-hijo. Aquí, recuerda que la distancia ideal para que tu bebé pueda enfocar la mirada es la que habrá entre su cara y la tuya cuando lo sostengas en brazos.

3. **El tacto**. Los bebés necesitan las caricias y el contacto piel a piel. Todas las oportunidades son buenas: a la hora de bañarlo, al ponerle crema o al darle un masajito.

4. **La sonrisa**. No debes preocuparte de que al nacer tu bebé no le sonría a las personas, es normal. La sonrisa dirigida aparecerá alrededor de la octava semana (antes de esto, tu bebé puede sonreír cuando esté dormido o como reflejo), pero no hay que olvidar que él también se alimenta con las sonrisas de sus cuidadores.

5. **El movimiento**. Mecer a un bebé es básico. Cuando tiene hambre, alimentarlo es la mejor forma de calmar su llanto. Asimismo, cuando llore por estar mojado, cambiarle el pañal será la forma indicada de calmarlo. Sin embargo, en todas las demás circunstancias, mecerlo es la manera más efectiva de tranquilizarlo. Cada quien tiene un estilo distinto de cargar a un bebé, por lo que no debes olvidar que no está mal si el padre lo mueve más bruscamente que tú. Por el contrario, puede ser beneficioso, ya que el bebé percibe así las diferencias. Es importante que ambos, papá y mamá, se sientan libres de desarrollar su propio estilo de relacionarse con el bebé.

6. **La alimentación**. No importa si se le da pecho o botella, lo que cuenta es hacer de la alimentación un momento de cercanía, intimidad e intercambio. Mirarlo, hablarle y cantarle son formas de compartir con él ese momento.

7. **La conexión del corazón.** Abrazar al bebé de manera que pueda escuchar el latido de tu corazón o el de cualquier otro adulto que lo sostenga, le dará un sentimiento de continuidad. Recuerda que es un sonido que conoce desde que estaba en tu vientre.

8. **Sostenerlo en brazos.** Los siete elementos antes mencionados pueden darse cuando cargues a tu bebé. Cargarlo es la mejor forma de desarrollar una relación con él o ella. Claro que luego preferirá que lo carguen en brazos a que lo dejen en otras posturas, pues se dará cuenta de que así es como se siente más a gusto. No hay que temer "embracilarlo", pues equivale a hacerlo sentir amado. Cargar al bebé a lo largo del día es tan importante que vale la pena considerar la posibilidad de cargarlo con un rebozo o **cangurera** mientras se efectúan algunas tareas de la casa o si se sale a realizar algún mandado. Al hacerlo estarás respondiendo a las necesidades de tu bebé; tú y él podrán desarrollar una relación cercana para que crezca seguro y fuerte.

En el ejercicio "Mitos de la maternidad" del capítulo 6 se habló de la importancia de responder al llanto del bebé. En aquel momento se dijo que una **regla de oro** era responder a esa señal del bebé (es decir, su llanto) dentro de los **15 segundos** siguientes a que empezara a llorar, aunque responder no implica necesariamente cargarlo, puesto que también se le puede tranquilizar hablándole para que sepa que pronto se acudirá a su llamado. Ya se ha mencionado también que, si estás ocupada, no es grave dejarlo llorar un poco de vez en cuando, siempre que esté en un lugar seguro (su cuna, por ejemplo). Otra recomendación es usar una hamaca para los bebés que tienen dificultades a la hora de dormir.

Hay dos momentos que se repiten varias veces a lo largo del día y que son perfectos para **interactuar con el bebé: al alimentarlo y al cambiarle el pañal**. Sin embargo, existe el riesgo de que estos dos momentos se vuelvan una rutina y se pierda así la oportunidad de conectarte con él y construir la relación que se desea. Para evitar que esto suceda, procura colocarlo de manera que se puedan mirar el uno al otro, así, podrás estar alerta de las señales que te indiquen que el bebé necesita descansar, eructar o simplemente estar contigo.

A continuación te sugerimos que empieces a pensar en algunas de las formas en que te gustaría enriquecer esos momentos. Para ello puedes practicar el siguiente ejercicio.

Ejercicio: Cómo me quiero relacionar con mi bebé[10]

Para qué sirve

Te ayudará a desarrollar formas de conducta que permitan que el bebé se sienta querido a través de los intercambios cotidianos.

Cómo hacerlo

Escribe:

Qué COSAS me gustaría CONTARLE a mi bebé mientras come, para dormirlo o mientras le cambio el pañal:

_____

_____

_____

_____

Qué CANCIONES me gustaría cantarle en esos momentos:

_____

_____

_____

_____

Cómo me quiero sentir al darle de comer, y cómo quiero que se sienta él o ella:

_____

_____

_____

_____

4. Qué les gusta hacer a los bebés

Aunque ya hemos revisado los canales de comunicación de que dispone un bebé desde su nacimiento, es importante recordar aquí que, conforme crezca, las posibilidades de comunicarte con él se expanden para incluir los juegos. Un bebé que hace actividades placenteras suele ser un bebé contento; asimismo, un bebé activo y juguetón come, duerme y crece mejor. Al jugar, los bebés y los niños desarrollan su cerebro, y cuando sus padres participan en sus actividades, su relación se vuelve más fuerte y positiva. Éstas son razones suficientes para que **papá y mamá se esfuercen por jugar con su bebé**. Como

es muy común que los adultos no sepan cómo acercarse de manera juguetona a un bebé, a continuación se presenta un cuadro con juegos adecuados para cada uno de sus primeros doce meses:

Actividades que disfrutan los bebés y ayudan a su desarrollo

Edad	Lo que les gusta hacer a los bebés
❤ Recién nacido	❤ Imitar. Hacer caras, sacar la lengua. ❤ Mecerse. Salir a dar un paseo en carreola. ❤ Escuchar música tranquila, un juguete musical o la voz de sus seres queridos. ❤ Ser tocado. Recibir un masaje suavemente.
❤ Un mes	❤ Seguir objetos. Verlos pasar lentamente frente a sus ojos u observar móviles de colores intensos o en blanco y negro. ❤ Hacer ejercicios para piernas, imitando los movimientos del pedaleo.
❤ Dos meses	❤ Jugar con las manos y con títeres de mano. ❤ Rebotar suavemente hacia arriba y hacia abajo. ❤ Sostener una sonaja y jugar con ella.
❤ Tres meses	❤ Sacudir una sonaja. ❤ Escuchar música rítmica. ❤ Jugar con juguetes sujetos a una cuerda corta (es importante que la cuerda sea suficientemente corta para prevenir un accidente).
❤ Cuatro meses	❤ Jugar a "está o no está", cubriéndole la cabecita con una manta y luego quitándosela. ❤ Practicar el rodarse boca arriba y boca abajo. ❤ Mirar burbujas de jabón.
❤ Cinco meses	❤ Mirarse en el espejo. ❤ Jugar con un juguete que al empujarlo se cae y se levanta. ❤ Mecerse en un columpio para bebés.

♥ Seis meses	♥	Jugar a las palmaditas.
	♥	Jugar con otros bebés.
	♥	Pasearlo de caballito.
♥ Siete meses	♥	Ver libros con muchos dibujos.
	♥	Buscar un juguete después de que se le esconde debajo de un cojín o una manta.
♥ Ocho meses	♥	Aprender los sonidos de los animales que mira en un libro o revista.
	♥	Jugar juegos de esconder.
	♥	Golpear ollas y cucharas.
♥ Nueve meses	♥	Jugar a "Los maderos de San Juan".
	♥	Practicar el ponerse de pie.
♥ Diez meses	♥	Rasgar revistas.
	♥	Empujar un carrito por el piso.
	♥	Soplar burbujas.
♥ Once meses	♥	Jugar con agua.
	♥	Pasar cosas de un recipiente a otro (por ejemplo, algún cereal con una cucharita de un plato a otro).
	♥	Empujar objetos que no pierdan la estabilidad.
♥ Doce meses	♥	Jugar con su sombra.
	♥	Jugar con una pelota grande.
	♥	Meter bolsitas cerradas rellenas de semillas; pelotas o papel arrugado a un recipiente.
	♥	Explorar el mundo a su alrededor.

5. Diferentes tipos de bebés: fáciles, sensibles y difíciles

Aunque desde luego existen muchas variaciones, se puede decir que en general existen **tres tipos de temperamento** en los bebés. Los siguientes son los temperamentos básicos:

1. Bebés fáciles o flexibles

Este tipo de bebés está generalmente contento; le gusta tener sus rutinas pero se adapta fácilmente a los cambios. Tiene sentimientos intensos pero los expresa con suavidad. Son bebés fáciles de cuidar, pero es importante recordar sus necesidades aun cuando no sean bebés ruidosos.

2. Bebés sensibles o temerosos

Estos bebés necesitan tiempo para adaptarse a situaciones nuevas. Con frecuencia se les considera tímidos o temerosos, pues les gusta observar antes de interactuar. Las rutinas y los adultos confiables y pacientes les dan seguridad. Es importante aprender a respetar los tiempos de un bebé así para que se sienta en confianza y entonces pueda interactuar.

3. Bebés difíciles

En esta categoría es necesario hacer una distinción. Por un lado estarían los recién nacidos que por algún tipo de inmadurez son bebés que se saturan de estímulos con mucha facilidad. Ésta suele ser una condición que va desapareciendo conforme crece el bebé, entonces habrá que ver cuál es su temperamento.

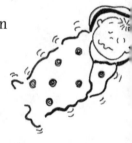

Existen, por otro lado, bebés que, sin ser ya recién nacidos, tienen **necesidades especiales**. Son bebés de **temperamento demandante**, exigen mucha atención y son ruidosos.

En este punto hablaremos primero de un recién nacido difícil, para luego hablar de las características del temperamento demandante.

Un recién nacido difícil

Ya se ha dicho anteriormente que no hay dos bebés iguales. Toma tiempo descubrir cómo es cada uno, conocer sus preferencias, saber cómo se calma más rápidamente e **identificar las cosas que no tolera**. Sin embargo, dentro de estas diferencias existen bebés que por diversas razones —como una falta de desarrollo o una inmadurez de su sistema nervioso— son más difíciles; es decir, son muy **llorones y parecen exaltarse con mucha facilidad**. Aunque decir esto es fácil, en la vida cotidiana puede volverse una situación muy estresante y difícil, que puede llegar a agotar y a deprimir a la mamá, haciéndola sentir frustrada y como una mala madre. Las siguientes son algunas de las razones por las que son difíciles estos bebés: por complicaciones en el parto, por un alumbramiento prematuro y por falta de peso al nacer.

El pediatra puede ayudar a determinar si un bebé entra en esta categoría, pero si resulta difícil consolarlo aun cuando aparentemente no pase nada (ya comió y ya se le cambió el pañal y aun así sigue llorando), entonces el bebé puede beneficiarse si los padres ponen en práctica las siguientes **sugerencias**.

Con frecuencia, los bebés considerados difíciles no pueden manejar más de un estímulo a la vez; esto es, cantarles y mecerlos al mismo tiempo puede ser demasiado para ellos. También puede alterarlos intentar hacer que coman en un cuarto con mucha luz y movimiento a su alrededor. En estos casos, lo mejor que se puede hacer es "dosificarles" el mundo que los rodea, lo que significa ayudarlos a que reciban **un solo estímulo a la vez**. Por ejemplo, alimentar al bebé en un cuarto con poca luz o calmarlo acostándolo en su cama y dándole palmadas muy suaves y rítmicas en la espalda. Lo importante es que la madre pueda **mantener la calma**, respirando profundo y buscando amoldarse a las necesidades del bebé. A estos bebés también puede ayudarles la tradicional técnica de hacerlos "taco", es decir, envolverles el cuerpo con una manta, rebozo o frazada de manera que no los aturdan sus propios movimientos. La clave es recordar que estos bebés necesitan una cosa a la vez, para lo cual hay que tener en mente todas las formas que tienen de percibir los estímulos: boca, ojos, oídos, nariz y piel. No les gusta que todos sus sentidos sean estimulados a la vez.

Temperamento demandante

Estos bebés son fáciles de reconocer porque suelen ser muy activos y ruidosos. Todo el mundo se entera cuando están tristes o contentos, pues **sea lo que sea que sientan, lo hacen con una gran intensidad**. Son muy sensibles a los estímulos y se distraen con facilidad. Los bebés demandantes son temperamentales y enojones, tienen una gran dificultad para adaptarse a los cambios, por lo que hay que ir preparándolos con mucha anticipación. Además suelen ser irregulares en sus patrones de sueño y alimentación.

Es necesario ser muy observador y no dejar que las situaciones se desborden. Así, cuando el bebé comience a enojarse, será el momento de tratar de redirigir su atención hacia algún objeto u otra actividad. Aunque estos bebés representan un gran reto para los padres, todo se compensa porque necesitan y aman a sus papás con la misma intensidad con que viven la vida.

Como padres de un niño o niña difícil, es fácil sentir que uno funciona al límite de sus propias capacidades. No obstante, no hay que olvidar que el bebé necesita que sus padres sean **flexibles en todo lo que no sea muy importante, pero que marquen límites claros en lo que sí lo es**, como el respeto a los demás. Poco a poco hay que enseñarlo a negociar y a resolver los problemas sin agresión. También es importante tener en mente que estos niños necesitan descargar toda su energía, para lo cual, una excelente opción es el ejercicio y el deporte.

Muchos bebés entran con claridad en alguna de estas categorías, pero existen muchos otros que son una mezcla de ellas. Es importante recordar que cada quién es único y necesita un trato especial. Tener un temperamento u otro no lo hace mejor o peor, pero sí compromete a sus papás a tratarlo lo mejor posible de acuerdo con sus características. Es un buen ejercicio tratar de mirar el mundo desde la perspectiva del niño y observar cómo reacciona ante las distintas situaciones.

6. Mis herramientas como mamá

Este capítulo te ha dado nueva información que te servirá para descubrir día a día quién es tu bebé y te ayudará a imaginar cómo será tu relación con él.

Reflexiona: de lo que has leído aquí qué puede serte útil

¿Qué cosas nuevas has aprendido sobre los bebés? De lo que has leído, ¿qué te gustaría poner en práctica con tu bebé? Quizá quieras escribir cuáles de estas ideas deseas poner el práctica para que las vuelvas a leer una vez que estés sumergida en la maternidad.

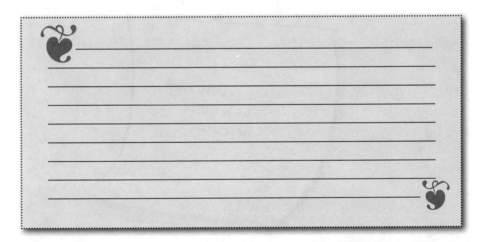

No olvides que, al igual que todas las demás relaciones humanas, **la relación entre una mamá y su bebé se construye paulatinamente**. Esto lo hacen al ritmo en que se van conociendo entre sí, y entendiendo y respetando los misterios que cada uno representa para el otro. De este modo, puedes derretirte de amor por él desde el primer día, o quizá el sentimiento vaya creciendo en ti poco a poco. De la misma forma, puedes sentir un impulso irrefrenable hacia ese pequeño extraño y al mismo tiempo puedes sentir miedo: ¿Seré capaz de cuidarlo?, ¿cómo sabré lo que necesita?

Recuerda que todas estás situaciones son **normales**, que no estás sola y que puedes llamar, tantas veces como te parezca necesario, al pediatra o a quien tú consideres un buen apoyo.

Enhorabuena, bienvenida al mayor reto humano: la crianza de un bebé.

Recordatorio

"Yo soy la mamá que mi bebé necesita."

Actividades para esta semana

Esta semana puedes ir preparando el espacio para tu bebé. Para ello, comienza a comprar y arreglar su ropita, su cuna y su cuarto. Si no lo has hecho, también puedes buscarle nombre.

	L	M	M	J	V	S	D
✽ Actividades para mejorar tu estado de ánimo ¿Se te ocurre alguna otra?							
✽ Arreglar ropita							
✽ Arreglar cuna							
✽ Arreglar cuarto							
✽ Buscar nombre							

Cuidados para mí en el posparto

10

Luisa tuvo a su bebé hace tres meses y desde entonces se fue sintiendo cada vez peor, pero estaba convencida de que lo único que tenía era cansancio. El bebé despertaba cada tres horas, día y noche, por lo que Luisa pensaba que su problema era falta de sueño. Sin embargo, tanto su mamá como su marido le insistían en que quizás era algo más, pues no sólo la veían cansada, sino triste y muy obsesionada con todos los detalles del cuidado del bebé. Luisa no se dejaba ayudar: estaba convencida de que nadie sabía hacer como ella las cosas que necesitaba su

bebé. No obstante, lo que ella no le decía a nadie, ni se atrevía a reconocer era que esa obsesión era la única manera que había encontrado para "neutralizar" las ideas que de pronto le venían a la cabeza.

En ocasiones, sobre todo de noche y cuando el bebé lloraba durante largo rato, Luisa imaginaba que lo aventaba por la ventana, para inmediatamente después sentirse como un monstruo. Lo único que podía hacer entonces era ponerse a llorar también. Rafael, su marido, la había encontrado en varias ocasiones en ese estado y ella no podía ni sabía explicarle lo que se había imaginado, pues creía que Rafael pensaría que ella era un verdadero monstruo y la dejaría.

Luisa no quería que ocurriera eso, le insistía a su esposo que todo lo que tenía era cansancio. Lo peor era que ella misma acababa creyéndose esta versión, que no era mentira sino sólo una verdad a medias. Luisa se negaba a recibir cualquier tipo de apoyo o ayuda profesional que Rafael sugería. Él estaba verdaderamente preocupado porque la veía muy mal y no encontraba la manera de que reconociera su sufrimiento y buscara ayuda. Luisa tampoco escuchaba a su mamá. Era como si se cerrara y concentrara toda su energía en los cuidados que requería el bebé o, al menos, que ella consideraba que requería.

1. Cuidarme a mí misma es cuidar a mi bebé

A lo largo del libro hemos recalcado que, para poder llegar a **cuidar bien a un bebé**, es necesario que primero te cuides tú misma. **Cuidarte y amarte** es la mejor manera de prevenir y, en dado caso, combatir la depresión en cualquier momento de tu vida. Todas las mujeres que dan a luz requieren cuidados especiales: necesitan la compañía y el apoyo de otras personas.

A continuación se presenta una serie de sugerencias para que las pongas en práctica una vez que nazca tu bebé. Es importante que te vayas preparando para reconocer desde ahora tus necesidades y buscar la manera de satisfacerlas. También es necesario pensar en cosas muy prácticas, como la comida, el mandado, la limpieza de la casa y las visitas, y decidir a quién se quiere tener cerca y a quien no.

a. Cuidar de tu tiempo y descanso

Ajustar tu horario al de tu recién nacido te resultará agotador, sobre todo si durante el día no te das tiempo para descansar cuando tu bebé lo haga. Es fundamental descansar y tomar pequeñas siestas durante el día, o bien practicando algún ejercicio de relajación.

Cuidar tu alimentación

Quizá pueda parecer exagerado, pero es importante saber que hay mujeres que descuidan su propia dieta por volcarse tanto en su bebé o por sentirse rebasadas por las circunstancias.

Es recomendable que hagas varias comidas al día, pero en cantidades pequeñas y cuidando que los alimentos sean sanos (frutas, verduras, yogurt, etcétera). No es bueno que permanezcas mucho tiempo sin comer y luego te des un atracón de comida. No debes descuidar tu salud para nada. En estos primeros meses tampoco es conveniente que te preocupes mucho por tu figura, pues tu cuerpo necesita por lo menos un año para irse recuperando poco a poco. Mientras tanto, puedes cuidar tu salud y mantener en mejor estado tu cuerpo saliendo a caminar, haciendo algún ejercicio ligero (conforme lo autorice el doctor) y comiendo sanamente. Aquí te sugerimos repasar la información nutricional que viene en el capítulo 1 para que la tengas en mente.

C. Buscar compañía

Una mamá y un bebé **sin compañía y apoyo** son una mamá en riesgo de deprimirse y un bebé en **riesgo** de no recibir los cuidados que requiere. De esto ya se ha hablado en el capítulo 6. Una vez que nazca tu bebé, pon en práctica lo que aprendiste sobre cómo mejorar tus relaciones para obtener el apoyo que necesitas.

2. Ejercicio: Maneras de ahorrar energía[11]

Para qué sirve

Tomar conciencia de que ahora habrá algunas actividades que serán secundarias frente a la necesidad de estar lo más descansada posible para cuidar de tu bebé.

Cómo hacerlo

1. Reflexiona en las siguientes preguntas y trata de encontrar respuestas que después te sean útiles. Coméntalas con otras mujeres que estén en tus mismas circunstancias. Si formas parte de un grupo, también las pueden discutir entre todas para encontrar otras posibles respuestas.

❀ ¿Cuáles son las actividades que realizo normalmente?

❀ ¿Qué puedo hacer para ahorrar tiempo?

❀ ¿Qué sentimientos me pueden surgir si dejo de hacer algunas cosas durante unos días, como el trabajo de la casa?

❀ ¿Qué actividades serían gratificantes si tuviera el tiempo para hacerlas, como leer una revista, escuchar un programa de radio, tomar una tasa de té o simplemente no hacer nada?

2. Ahora te será útil poner por escrito, en forma de lista, tus conclusiones de las preguntas anteriores:

¿Cómo puedo ahorrar tiempo?

❀ _____

❀ _____

❀ _____

❀ _____

¿Qué actividades agradables puedo hacer durante el tiempo que me sobre? Para esto puedes revisar y repetir las que ya escribiste en el capítulo 1.

❀ _____

❀ _____

❀ _____

❀ _____

3. Es conveniente que te comprometas contigo misma, o con el grupo si estás en uno, a tratar de ahorrar energía y hacer actividades agradables una vez que nazca tu bebé.

3. Recordatorios para el posparto

Otra forma de cuidar de ti misma es tener presentes pensamientos que te den esperanza y aliento. A continuación te presentamos algunos. Te sugerimos que desde ahora los escribas en tarjetas para que, cuando nazca tu bebé, pegues uno por día en algún lugar a la vista:

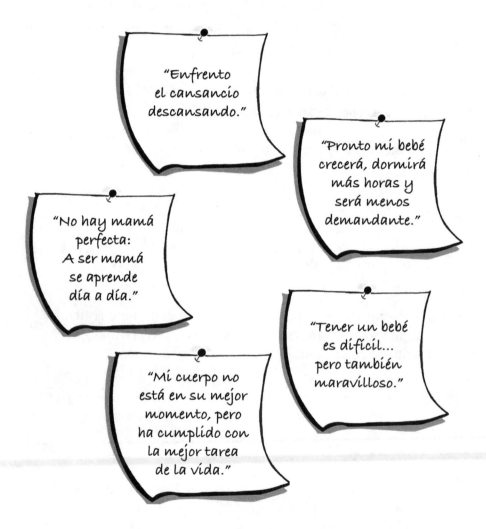

Hay que recordar que el **cuidado de ti misma es la piedra angular del cuidado de la familia.**

4. Para amamantar exitosamente[12]

1. Alimenta a tu bebé cada vez que lo pida (cuida que no pasen más de cuatro horas).
2. No le ofrezcas a tu bebé ningún otro alimento líquido o sólido. Ni siquiera agua. El agua que contiene tu leche es diferente y basta para que el bebé no tenga sed.
3. No es necesario que midas el tiempo que tu bebé pase succionando tu pecho. Deja que él solo te suelte y, si tiene más hambre, ofrécele el otro pecho. Es importante que empieces la siguiente tetada por el pecho que menos tiempo haya sido succionado antes. Si te confunde no tener un límite definido de tiempo, otra posibilidad es amamantarlo 15 o 20 minutos de un lado, sacarle el aire, cambiarle el pañal si hace falta y luego amamantarlo otros 15 o 20 minutos con el otro pecho.
4. Cuida que sean correctas la forma en que sostienes a tu bebé para ofrecerle el pecho y la forma en que él sujeta tu pezón y areola.

Posición correcta al dar pecho

Adoptar una posición correcta al amamantarlo hace que la lactancia sea una experiencia cómoda y agradable. También evita que tengas algún problema en los pechos o molestias a tu bebé.

❧ Siéntate o acuéstate, apoyando la espalda, en una posición relajada y cómoda.
❧ Coloca a tu bebé de frente a tu cuerpo. Apoya su estomaguito contra tu vientre, cuidando que su cabeza quede a la altura de tu pecho y su nariz frente a tu pezón.

❖ Sostén la espalda y los hombros del bebé; no empujes la parte de atrás de su cabeza.

❖ Sostén tu pecho con tu mano en forma de "c", es decir, haciendo que tu dedo pulgar quede arriba del pecho y los otros dedos abajo. Esto facilita que el bebé lo tome correctamente.

❖ Para que el bebé tome tu pecho correctamente:

- Alinea sus labios con tu pezón.
- Toca tu pezón con los labios del bebé para que abra la boca.
- Cuando tenga la boca bien abierta, haz que el bebé empiece a tomar el pecho.
- Cuida que el bebé tome el pezón y gran parte de la areola.

5. Conclusiones

Aquí llegamos al final del libro. Gracias a tu constancia y valor has recorrido un camino que en ocasiones pudo haber sido doloroso y, en otras, educativo, pero siempre profundamente enriquecedor. Hoy cuentas con nuevas herramientas para enfrentar las situaciones que te esperan con tu bebé

¿Cuál es para ti el aprendizaje más importante de estas lecciones?

❖ _____

_____

_____

_____

_____ ❖

Así como es recomendable que hayas estado leyendo este libro durante tu embarazo, es muy importante que sigas practicando durante los siguientes meses los ejercicios que más te hayan servido. De la misma manera, te sugerimos que vuelvas a leer este capítulo una vez que haya nacido tu bebé.

Qué aprendiste de este libro y que tienes que seguir practicando para evitar caer en una depresión.

- A desarrollar actividades para mejorar mi estado de ánimo, entre ellas relajarme, pensar de manera positiva y dedicar tiempo a actividades que me gustan.
- A saber qué es la depresión y qué debo hacer si la tengo.
- A cuidarme a mí misma durante el embarazo y cuando nazca mi bebé.
- A amarme a mí misma.
- A no acumular resentimientos ni enojos, sino tratar de darles salida.
- A mejorar mi comunicación para obtener la ayuda y el apoyo que necesito.
- A tener expectativas realistas de lo que debe ser una buena madre y de cómo son los bebés.
- A comunicarme con mi pareja para adaptarnos juntos a la llegada del bebé.
- A conocer distintas maneras de relacionarme con mi bebé.
- A saber qué les gusta a los bebés.

Recuerda todo esto para que, en caso de que sufras una depresión, no te abandones y sepas que hay mucho que puedes hacer por ti misma. No olvides tampoco que para la depresión también **es válido pedir distintos tipos de ayuda**, y para salir adelante, a veces es imperioso acudir a un especialista, como un psicólogo o psiquiatra.

En este punto te recordamos que revises los síntomas de depresión que mencionamos en el capítulo 2. También te presentamos un último caso para que tengas presente que hay muchas mujeres que necesitan ayuda en un momento así y que no hay nada de qué avergonzarse.

Lupita estaba convencida, desde la tercera semana después de que nació su bebé, de que algo no andaba bien. A pesar de que su hijo estaba sano y era hermoso, ella se sentía profundamente triste y cansada, como si hubiera caído en un hoyo negro que cada día se hacía más profundo y oscuro. Se sentía hundida en una oscuridad sin esperanza. Ya habían pasado seis meses y no se sentía mejor. Su marido insistía en que su único problema era el cansancio, y que lo que tenía que hacer era quitarle el pecho al bebé para poder descansar y recuperarse. Su mamá y su suegra tenían opiniones muy parecidas. Le insistían en que era muy aprensiva y sólo estaba cansada.

Lupita ya había hablado con su ginecólogo, pero tampoco él parecía haber entendido el estado en que se encontraba; lo más que había conseguido era que le mandara vitaminas. Finalmente, gracias a su amiga Carolina, consiguió los datos de un psicólogo, pero las recomendaciones que le hizo provocaron que Lupita no volviera. Éste sólo había insistido en que su problema era que necesitaba volver a trabajar, retomar su vida sexual y dejar de dedicarle todo su tiempo a su bebé. Ante este panorama, era lógico que Lupita se sintiera sola, completamente incomprendida y con un sentimiento ya no de tristeza, sino de desolación que nadie parecía percibir. ¿Qué no habría alguna esperanza para ella? ¿Se estaría volviendo loca? A veces tenía miedo de dañarse a sí misma o a su bebé. Su amiga Carolina estaba muy enojada con el psicólogo que ella misma había recomendado, pues era obvio que, a pesar de lo que le habían dicho, no tenía ningún conocimiento sobre la depresión posparto y lo que una mujer vive en ese periodo de su vida. Carolina comprendía a su amiga porque ella tampoco la había pasado bien cuando nacieron sus dos hijos. Así que sabía que no todo era miel sobre hojuelas, pero nunca se puso tan mal como veía a Lupita.

Finalmente, Carolina leyó un artículo sobre la depresión posparto en una revista de bebés y corrió a llevárselo a Lupita. El artículo no sólo describía con precisión lo que estaba padeciendo su amiga, sino que además incluía, al final, los datos de varios especialistas que conocían el problema y que seguramente serían capaces de ayudar a su amiga. Por fin había una esperanza para Lupita.

Soy una mujer valiosa, precisamente la que mi bebé necesita

Esperamos que en tu caso no tengas que pasar por lo que pasaron Luisa y Lupita y que, si llegas a sentirte mal, tengas el valor de buscar ayuda e insistir hasta encontrar la adecuada.

También recuerda que **una madre sola con un bebé es una mujer en riesgo**.

Busca apoyo en tu pareja, familiares y amigas. La historia muestra que nunca se ha esperado que las madres deban valerse por sí solas, aunque por diversas razones algunas acaben haciéndolo. **La crianza y el cuidado de un bebé se realizan mejor en equipo**.

Te deseamos una feliz llegada de tu bebé y ánimo para los retos que aún tienes que enfrentar.

Ahora cuentas con nuevas y valiosas herramientas que te ayudarán a vivir esta época de tu vida con mayor seguridad y gozo.

Recuerda que eres una mujer muy valiosa y precisamente la mamá que tu bebé necesita.

Notas

[1] Stern, D. (1997). *La constelación maternal*. Barcelona, España: Paidós.

[2] Tomado de: Muñoz, R.F., Le, H.N., Ghosh-Ippen, C., Diaz, M.A., Urizar, G., y Lieberman, A.F. (2004). *Mothers and Babies Course*. Manuscrito no publicado, Universidad de California, San Francisco/Hospital General de San Francisco. Clase 4.

[3] Ejercicio adaptado de: Solchany, J.E. (2001). *Promoting Maternal Mental Health During Pregnacy*. Seattle. EUA: NCAST p. 307.

[4] Ejercicio tomado y adaptado de: Muñoz, *et al*. (2004). *Opus cit*., Clase 6.

[5] Adaptado de: Lara *et al*., (1997). *¿Es difícil ser mujer? Una guía sobre depresión*. México: Editorial Pax México. pp. 54-66.

[6] Adaptado de: Solchary (2001). *Opus cit*., pp. 402-404.

[7] Ejercicio adaptado de: Lara *et al*., (1997). *Opus cit*., pp. 149-150.

[8] Ejercicio adaptado de: Solchary (2001). *Opus cit*., p. 269.

[9] Ejercicio adaptado de: Lara *et al*., (1997). *Opus cit*., pp. 128-135.

[10] Ejercicio adaptado de: Solchary (2001). *Opus cit*., pp. 349-350.

[11] Ejercicio adaptado de: Solchary (2001). *Opus cit*., p. 277.

[12] Flores-Quijano, M.E. Técnica para una lactancia exitosa. En: Pérez Lizaur, A.B. y Marvan-Laborde, L. (2005). *Manual de dietas normales y terapéuticas. Los alimentos en la salud y la enfermedad*. 5a ed. La Prensa Médica Mexicana. México D.F.: pp. 99-102.

Referencias

Albright, A. (1993). Postpartum depression: An overview. *Journal of Counseling and Development, 71,* 316-320.

Alvarado, R., Rojas, M., Monardes, J., Neves, E., Olea, E., Perucca, E., & Vera, A. (1992). Cuadros depresivos en el postparto y variables asociadas en una cohorte de 125 mujeres embarazadas. *Revista de Psiquiatría, 9,* 1168-1176.

Atkinson, A.K., & Rickel, A.U. (1984). Postpartum depression in primiparous parents. *Journal of Abnormal Psychology, 93 (1),* 115-119.

Brazelton, B.T. (1992). *Touchpoints.* Nueva York: Guilford.

Brazelton, B.T., Cramer, B. (1993). *La relación más temprana: padres, bebés y el drama del apego inicial. Paidós Ibérica.*

Bowlby, J. (1986). *Vínculos afectivos: formación desarrollo y pérdida.* España: Editorial Morata.

Chandran, M., Tharyan, P., Muliyil, J., & Abraham, S. (2002). Post-partum depression in a cohort of women from a rural area of Tamil Nadu, India. Incidence and risk factors. *British Journal of Psychiatry, 181,* 499-504.

Chaudron, L.H., Klein, M.H., Remington, P., Palta, M., Allen, C., & Essex, M.J. (2001). Predictors, prodromes and incidence of postpartum depression. *Journal of Psychosomatic Obstetrics and Gynecology, 22 (2),* 103-12.

Cooper, P.J., & Murray, L. (1995). Course and recurrence of postnatal depression. Evidence for the specificity of the diagnostic concept. *British Journal of Psychiatry, 166 (2),* 191-195.

Cox, J.L. (1996). Perinatal mental disorder—a cultural approach. *International Review of Psychiatry, 8,* 9-16.

Cryan, E., Keogh, F., Connolly, E., Cody, S., Quinlan, A., & Daly, I. (2001). Depression among postnatal women in an urban Irish community. *Irish Journal of Psychological Medicine, 18 (1),* 5-10.

Cutrona, C.E. (1984). Social support and stress in the transition to parenthood. *Journal of Abnormal Psychology, 93 (4),* 378-90.

Cutrona, C.E, & Troutman, B. R.(1986). Social support, infant temperament and parenting self efficacy: A mediational model of postpartum depression. *Child development, 57,* (6) 1507-1518.

Dennis, C.L., & Creedy, D. (2004). Psychosocial and psychological interventions for preventing postpartum depression. *Cochrane Database Systematic Reviews, 18(4),* CD001134.

Fraiberg, S. (1987). *Selected writings of Selma Fraiberg.* (Fraiberg, L. Ed.). Columbus: Ohio State University Press.

García, L., Ortega-Soto, H.A., Ontiveros, M., & Cortés, J. (1991). La incidencia de la depresión posparto. *Anales. Reseña de la VI Reunión de Investigación. Instituto Nacional de Psiquiatría,* 2, 54-59.

Garvey, M. & Tollefson, C. (1984). Postpartum depression. *Journal of Reproductive Medicine, 29 (2),* 113-116.

Gotlib, I.H., Whiffen, V.E., Wallace, P.M., & Mount, J.H. (1991). Prospective investigation of postpartum depression: factors involved in onset and recovery. *Journal of Abnormal Psychology, 100 (2),* 122-32.

Honikman, J.I. (1999). Role of self-help techniques for postpartum mood disorders. En: L.J. Miller (Ed.). *Postpartum mood disorders.* EUA: American Psychiatric Press.

Honikman, J.I. (2002). *I'm listening. A guide to support postpartum families.* EUA.

Kitamura, T., Shima, S., Sugawara, M., Toda, & M.A. (1996). Clinical and psychological correlates of antenatal depression: A review. *Psychotherapy and Psychosomatics, 65,* (3) 117-123.

Lara, M.A., Acevedo, M., Luna, S., Weckmann, C., Villarreal, A.L. & Pego, C. (1997). *¿Es difícil ser mujer? Una guía sobre depresión.* México: Editorial Pax México.

Lara, M.A., Navarro, C., Rubí, N.A., & Mondragón, L. (2003). Outcome of two levels of intervention in low-income women with depressive symptoms. *American Journal of Orthopsychiatry, 73 (1),* 35-43.

Lara, M.A., Navarro, C., Acevedo, M., Berenzon, S., Mondragón, L., & Rubí, N.A. (2004). A psycho-educational intervention for depressed women: a qualitative analysis of the process. *Psychology and Psychotherapy, 77 (4),* 429-47.

Lara, M.A., & Navarrete, L. (2004). Trastornos mentales en el posparto. *Información Clínica, 15 (7),* 37-38.

Lartigue, T. (2001). Relación materno-fetal en México: aspectos transculturales. *Perinatología y Reproducción Humana, 15,* 75-88.

Lebovici, S. (1998). L'arbre de la vie. France: Editions Erès.

Levy, T. M., & Orlans, M. (1998). *Attachment, trauma and healing.* EUA: CWLA Press.

Maldonado-Duran, J.M., & Feintuch, M. (2001). Salud mental del bebé, intervenciones durante el embarazo. *Perinatología y reproducción humana, 15,* 31-41.

Muñoz, F.R., Le, H.N., Ghosh Ippen C., Díaz, M.A., Urizar G.G., & Lieberman, A.F. (2004). *Mother and babies course.* (Unpublished manuscript). University of California, San Francisco/San Francisco General Hospital.

Mauthner, N.S. (1999). Feeling low and feeling really bad about feeling low: women's experiences of motherhood and postpartum depression. *Canadian Psychology, 40 (2),* 143-161.

Najman, J.M., Andersen, M.J., Bor, W., O'Callaghan, M.J. & Williams, G.M. (2000). Postnatal depression–myth and reality: maternal depression before and after the birth of a child. Social Psychiatry and Psychiatric Epidemiology, 35, 19-27.

Nicolson, P. (1999). Loss, happiness and postpartum depression. *Canadian Psychology, 40 (2),* 162-178.

O'Hara, M., Neumber, D.D., & Zekoski, E.M. (1982). Predicting depressive symptomatology: Cognitive-behavioral models and postpartum depression. *Journal of Abnormal Psychology, 91,* 457-461.

O'Hara, M., Rehm, L.P, & Campbell, S.B. (1983). Postpartum depression. A role for social network and life stress variables. *Journal of Nervous Mental Disorders, 171 (6),* 336-41. O'Hara, M. (1986). Social support, life events, and depression during pregnancy and the puerperium. *Archive of General Psychiatry, 43 (6),* 569-73.

Parker, G., Hadzi-Pavlovic, D., Mitchell, P., Hickie, I., Wilhelm, K., Brodaty, H., Boyce, P., & Roy, K. (1991). Psychosocial risk factors distinguishing melancholic and nonmelancholic depression: a comparison of six systems. *Psychiatry Research, 39 (3),* 211-26.

Righetti-Veltema, M., Conne-Perreard, E., Bousquet, A., & Manzano, J. (1998). Risk factors and predictive signs of postpartum depression. *Journal of Affective Disorders, 49 (3),* 167-80.

Segre, L.S., Stuart, S. & O'Hara, W. (2004). Interpersonal psychotherapy for antenatal and postpartum depression. *Primary Psychiatry, 11*(3), 52-56.

Solchany, J.E. (2001). *Promoting mental health during pregnancy. Theory, practice and intervention.* Seattle, WA: NCAST-AVENUW Publications.

Stern, D. (1997). *La constelación maternal un enfoque unificado de la psicoterapia con padres e hijos.* Barcelona, España: Editorial Paidós.

Whiffen, V.E. (1988). Vulnerability to postpartum depression: A prospective multivariate study. *Journal of Abnormal Psychology, 94(4),* 464-474.

Winnicot, D.W. (1958). *Escritos de pediatría y psicoanálisis.* Barcelona, España: Editorial Laia.

Esta obra se terminó de imprimir
en abril de 2009, en los Talleres de

IREMA, S.A. de C.V.
Oculistas No. 43, Col. Sifón
09400, Iztapalapa, D.F.